你对了，孩子就对了

一场日不落的陪伴

水亦田 著

文化发展出版社
Cultural Development Press

图书在版编目（CIP）数据

你对了，孩子就对了 / 水亦田著. -- 北京：文化发展出版社有限公司, 2016.5
ISBN 978-7-5142-1309-6

Ⅰ.①你… Ⅱ.①水… Ⅲ.①儿童教育—家庭教育 Ⅳ.①G78

中国版本图书馆CIP数据核字(2016)第072715号

你对了，孩子就对了

水亦田　著

策划编辑	王晨辰
责任编辑	肖润征
责任校对	岳智勇
责任印制	孙晶莹
版式设计	曹雨锋
责任设计	侯　铮

经　　销	新华书店
印　　刷	中煤（北京）印务有限公司
开　　本	889mm×1194mm　1/16
印　　张	11.5
版　　次	2016年6月第1版　2016年6月第1次印刷
定　　价	32.80元
ＩＳＢＮ	978-7-5142-1309-6
网　　址	www.keyin.cn　　www.printhome.com
出版发行	文化发展出版社（北京市海淀区翠微路2号）

如发现印装质量问题请与我社联系。发行部电话：010-88275710

序

金牌写手干货满满的作品

爱读童书妈妈小莉

认识水亦田纯属偶然。在网上查阅母婴资料时，无意间闯进水亦田的博客，看见她写的育儿文章，观点新颖，文风犀利，很对我的胃口。我希望我的公众号"爱读童书妈妈小莉"能得到她文章的转载授权，于是便到处找她的联系方式，终于有了"第一次亲密接触"。

此后，水亦田的几篇大作都在我的公众号上一炮而红，几乎每篇阅读量都过了10万+。其他的亲子号都盯着这位"金牌写手"，各路人马费尽心思开出优渥条件要和她开展合作。其实这也从侧面看出在新媒体江湖中，优质内容的稀缺和珍贵。

但我和水亦田，依然保持着最默契的沟通和协作。毕竟文字要在一个平台上得到最好的展示，少不了高水平地写，也少不了独具匠心地编，我也因此和水亦田多了许多相互配合的机会。

最近听说她出新书了，拿到电子版我就急忙翻阅起来，飘来的都是熟悉的味道。水亦田的文章向来都是干货满满，随手举的例子也都是目前家长带娃中经常会遇到的问题，而她的解决办法通常都是在她大量的输入、观察、思考和总结下得出的。可以说相当接地气，也非常有实操性。再加上她本身写作技艺的高水准，时隔两年再出新书实在是一件太自然不过的事儿。

恐怕大部分读者没想到的是，水亦田除了是知名亲子教育专家外，其实也是一名资深企业运营分析师。她在跟我交流她的作品时，语速很快，脑子灵活，逻辑也非常清晰，让我感觉她兼具感性和理性思维，甚至能够自由切换。我想，这也是她的书里会出现管理学、经济学、易经等方面知识的原因吧。

如今市面上的家教书种类繁多，水平也参差不齐。毕竟家庭教育没有标准答案，谁都可以有自己的价值观，有自己教育孩子的方法。这也就出现了同一个问题在不同专家那有完全相反的处理办法，家长看得也越来越迷茫。我也在经历了这样的迷茫期之后，渐渐在自己孩子身上找到了答案。

水亦田和我一样，都是二胎妈妈。用心和孩子相处，孩子有时就是大人的老师。她在运用自己笃定的每一条育儿理论时，几乎都在自己的孩子身上得到过反馈和验证。比如在二宝相处方面，水亦田比我更早更深体会大宝的心理波动，不论生小宝之前，给大宝做了多少思想工作。她愿意抵住全家人对大宝"不懂事"的指责压力，去理解和化解大宝心中的怨气，可以说，她任何时候都坚定地站在孩子这一边。

想起她的大宝给小宝写的日记曾经在我的公众号推送过，饱含深情，又有些好笑，当时也感动了一大片读者。才9岁的小丫头，文笔就颇有些水亦田的影子。

家庭教育是有规律可循的，水亦田将自己的自我感悟和理性升华分享给所有读者，我也希望大家能受到更多的启发和帮助，父母对了，孩子也就对了。

成长保卫战

——开启育儿任意门

爸妈邦

这个夏天，为自己选一本家庭随笔，我想就是这本了。

爸妈邦在 2014 年 8 月 8 日成立，期间接触、旁观、分析过大大小小几十万个家庭。在家与理、亲与子方面，我们一直遵循带有情结的关怀，始终希冀教养的基点是自然的理想形态。我们进行中，我们在路上……

一气呵成看完了整本书，发现我们的创办方向和水亦田这本书的分享格局不谋而合，即我们都是多元共生的。

爸妈邦是一个多元的平台，如果你以为我们只做常识知识相关，我想我们工具中的各种时期计算预估表会不乐意，若只看到生活秀场搭配板块，可还有美食、摄影、科普、童装交相辉映。给你所有亲与子的幸福感悟，呵护情感，一同成长，相互依存。

《你对了，孩子就对了》看似是出自一个平凡妈妈之手，其实不然，水亦田自身本就是集很多个角色于一身，而书中又包含了不同身份在孩子成长中的不同角度，多重视角都透过水亦田的笔下生出教养随记，真实而又中肯，这其中有二胎、有妈妈、有爸爸、有父母、有老师、有宝宝，真正在开启育儿任意门。

——轻熟理性

本书内容并没有完全以母亲为本位，它就好似一个吸盘，采筛、吸纳不同社会角色，并一针见血地阐述出在当前角色影响下孩子的所思所想。这所有的教养素材皆不是信手拈来，其中不乏古文、诗词、人物、事例的正确引用，这背后一定是一位未曾谋面的理性、爱研究且活力四射的学习型女性。

我相信，爱远方的人，心中都有风，爱学习的人，血液都在激荡。

——温柔坚定

很多母亲在身体力行的教育中，对于亲生骨肉难割难弃的爱让我们不想辩驳，但是看了这完整的章节，应该有所思量：对于子女，我们的得过且过究竟是想要今天疼他还是想要明天他疼。若换做书中同样的场景，因为女儿的课上"不听话"，老师向自己投以言语暴力，您当下的行为是不分青红皂白，还是怠慢忽视，真的不妨静下心来，用心育心。

——爱与坚持

水亦田是企业运营师，是工作室创办人，是金牌作者，是……但她也只是个80后两个宝贝的妈妈，从书中读到的所有经验之谈均源自于一颗有温度的母亲心。放眼今天孩子们的各种标配特长班，究竟真正适不适合？结果为什么差强人意？扪心自问，作为家长您有没有忽略一时的结果，拿出更多的时间来探寻其根源问题。爱有千千种，坚持才是炼金石，做完，比做快更重要。

以上种种，水亦田"恰巧"都做到了，漫漫成长陪伴之路，是艺、是棋，亦是战，放开你的同时，保有自己，捍卫家庭，战于当下，真的给这位正版好妈妈、好作家鼓掌！

目录

第一章　二胎相关

别拿我怀孕这事儿"绑架"大宝..14

每个孩子都是无可复制的孤品..18

不陪伴≠不相爱..22

除了钱，我们还应给二胎算一笔亲情账......................................25

给爱一个磨合期：生二胎，一定要做好大宝的角色转换.............31

伯埙仲篪从胎教开始..35

第二章　对家长

孩子拖拉，错在父母..42

陪伴不是为了取悦孩子，而是父母与子女双向的行为.................50

父母对孩子说话何必小心翼翼？..54

告诉孩子，节俭≠吝啬...58

积极的人际关系给孩子阳光的心态……………………………61

从"小龙女"自虐看父母关系对孩子的影响………………66

不要泯灭孩子的财富梦想………………………………………70

静待花开,不是让你守株待兔的!……………………………74

李亚鹏先陪小情人睡觉才出门,你呢?………………………80

请不要轻易给孩子一个差评……………………………………85

离婚了,也要给孩子完整的爱…………………………………91

第三章 对妈妈

坎特法则:好妈妈不是照妖镜…………………………………98

做个能 Hold 住场的妈妈,才能避免尴尬场面………………104

用七年讲明一个故事的妈妈……………………………………109

乐观平和是最好的胎教…………………………………………114

让每一位妈妈事业与家庭兼得的时间管理法则………………118

第四章 对爸爸

爸爸才是名副其实的育儿专家…………………………………128

教孩子用好私房钱,爸爸的新姿势……………………………133

第五章　对孩子

孩子，输得起才能赢得了 140

为孩子交友撒点经济学的料 150

孩子，你必须习惯无人欣赏 153

宝贝，妈妈在你的眼中，你在妈妈的心里 155

第六章　对老师

"无为"是对孩子履行修缮义务 158

别让表扬捧杀了孩子的天分 164

孩子乐于助人是多管闲事吗？ 169

应该鼓励孩子互相揭发吗？ 172

提升专注力，只需将问题转化成技能！ 177

第一章

二 胎 相 关

别拿我怀孕这事儿"绑架"大宝

得知我怀孕的第一周，豆姥姥过来拿证件帮我办理二胎证，这种积极的态度我是深表感谢，可是第二天一早，我就被兜兜极度惊恐的哭声、豆姥姥恨铁不成钢的敲打声、震耳欲聋的责骂声惊醒！

起因不过是兜兜习惯性的赖床，豆姥姥粗暴地掀了兜兜的被子呵斥她："你妈妈都怀孕了你还不自己赶紧爬起来！等着谁来伺候你！以后这些事不用再重复，自己自觉去干！"

兜兜睡得蒙蒙眬眬，下意识地又去揪被子，继续遭到粗鲁的打骂。兜兜从梦中惊醒，光着身子战战兢兢的像一只小兔蜷缩在床角，哆嗦着号啕大哭……

在我意外怀孕后，全家的生活脚步都因此被打乱，无暇顾及的豆姥姥，心烦气躁的豆妈妈，手忙脚乱的豆爸爸，心情忐忑怕失去宠爱的兜兜……

好不容易，兜兜在我加倍的呵护下渐渐接纳了这个未达的小生命，时不时好奇地摸摸我的大肚皮，可是此后络绎不绝的一系列出于好心人善意的"帮助"，却使得事情适得其反。

无独有偶，上周，一整个星期兜兜都十分反常，对妈妈和小宝漠不关心，怎么旁敲侧击她也说不出所以然，周末有同学来家里做客，我顺便问兜兜："你们班有人知道你要当大姐姐了吗？"

兜兜不屑："同学们不知道，老师早知道了！我一有什么事他们就说我：你都是要当大姐姐的人了怎么还这样啊？你应该这样，这样，这样！"说完无奈地撇嘴，这个微小的细节解开纠缠我一周的心结——兜兜被绑架了！

兜兜被一种叫作"老大"的准则绑架了！这个世界对于老大总有各种不切实际的要求，不仅是二宝出生后的"你应该让着弟弟！"还有提前蔓延挥发的"你妈都怀孕了，你怎么还这样？"

怀了二胎，准妈妈及身边知情人请端正自己的言行态度，降低自己不切实际的期许，关注大宝的情绪。

1. 批评大宝就事论事，长辈须持有公平公正的行为准则

妈妈刚怀孕，前后一两个月，大宝怎么可能一夜之间发生180°的大转弯？孩子的成长发育是一个过程、是有年龄阶段的，不要用"老大"这个行为准则拔苗助长。

调皮、犯错误是每一个同龄孩子都难以避免的，孩子怎么会不希望好好表现，趋利避害？把每个孩子放在同年龄行为的标尺下进行统一规范要求可以，但是不要将同龄群体再由家庭地位划分三六九等。什么你是老小，犯了错误可以原谅，被责罚的是哥哥姐姐，因为他们没有看好教好你；如果你是老大，对不起，你是主犯，老大有责任做得更完美、更懂事！

批评孩子应就事论事，每个孩子犯了错误一样被批评，一样应当改正，长辈必须先摆正心态。

2. 责任界定清晰，不要殃及池鱼损伤手足之情

哪个孩子犯了错误就批评哪一个，不要在自己心情不好的时候城门失火殃

及池鱼，让孩子产生嫉妒乃至仇恨心理。

　　昨晚豆妈妈开始剧烈呕吐，在厕所趴了足足两个小时，豆爸爸心疼我，想多些时间来照顾我，就不耐烦地赶着兜兜上床睡觉，原本习以为常的睡前故事也武断地取消，兜兜在学校上了十三个半小时的课，回家又练习半小时古筝，九点半之后唯一的乐趣不过是两个睡前故事，她不能接受，问爸爸："为什么啊？为什么取消了？"

　　爸爸心急如焚地照顾着我吼了兜兜一声："你妈妈怀孕这么难受，你怎么一点不懂事？！"

　　我立即喝止，我怀孕是你引起的，我呕吐难受都归结于你，而不是兜兜，为什么要对兜兜发脾气？这对她不公平，况且把她牵连其中只会让她厌恶这个未出生的小宝，她会感觉小宝不仅折磨妈妈，还抢走了爸爸！非常不利于两个孩子的感情培养。

　　我赶紧收拾好自己，上床陪闷闷不乐的兜兜聊天："兜兜，你知道吗，你在妈妈肚子里的时候，妈妈的反应比这还严重呢，从一怀孕到五个半月一顿饭都吃不下去，每天就啃点黄瓜、苹果，闻到油味都受不了；后来怀孕三个月的时候，妈妈又很不幸地被同事传染了支原体肺炎，打了一天吊瓶，吃了一周的药，病是好了，可是医生和家里其他人都说这个孩子难免会受到影响，建议不要了，那时候你在妈妈肚子里已经会翻身，会踢腿，我可以摸到你，我怎么舍得杀死你呢？不管别人怎么说，妈妈也坚持要了你，兜兜，虽然你有哮喘，但是这不怪你，不是你的责任引起的，是因为妈妈那时候还不懂得如何做好一个妈妈，没有照顾好肚子里的你，因此妈妈从决定要你那一刻起就已经想好要承担这份责任，这是我的原因引起的我来承担！我没有理由逃避责任，同时不强加责任给你。就像现在，我吐不是你的责任，也不应该你来承担。晚上的睡前故事应该补给你，这是你应得的，宝贝你永远都是无可替代的，妈妈最爱的人。"

　　兜兜哭了："妈妈，我觉得很惭愧。"

　　"为什么？"

"我觉得妈妈很辛苦，比农民伯伯还辛苦，我很伤心，很心疼妈妈……"

"我觉得你很幸福，因为你可以见证妈妈怀孕、小宝出生的整个过程，你会把这一切讲给转转对吗？"

"嗯，以后我一定好好孝敬妈妈，也希望转转可以孝敬妈妈……"

对，我怀孕了，我感谢大家的关心。但是，请不要以此为契机打造我的大宝，请允许她按照原有的轨迹前行，每一个孩子都是独一无二的，"老大"不是一个商业模式，我不需要她有超乎年龄的成熟，请让她按照自己的年龄阶段慢慢成长，不要因为我的一次意外，就让兜兜提前失去犯错误的权利，尝试、摸索、犯错、调皮、捣乱……这一切都是童年的必走之路，我依然希望她有一个完整的、属于自己的人生，等她如我一般年长，回头去想童年那些糗事、窘态，梦中都会忍俊不禁是多么美好！

每个孩子都是无可复制的孤品

——认同并保护每个孩子的独特性

睡前给大宝兜兜讲睡前故事，顺便也是给肚里的小宝转转做胎教，寓言故事的开头是老旧的："从前，有两兄弟要分家，老大心狠、老二很……"

兜兜愤怒地打断："不是这样！一定不是！老大心地很善良！"

显然，大宝联想到了自己，我只好把故事翻转过来："从前，有两兄弟要分家，老大很善良、老二心狠……"

兜兜急忙捂住我的嘴："不对不对！兜兜很善良，转转也很善良！"

我索性合上书让兜兜自己编故事："我和转转相亲相爱不会分家的，转转一定比我活泼，比我漂亮，态度比我谦虚，不像我学习不专心，我以前上课还做小动作，当然现在好了，但是我希望转转从一开始就是乖乖的好孩子……"

"你能看到自己的不足并且尽力去改就是最大的进步，你这么在意手足和睦，妈妈觉得好骄傲，其实你有缺点妈妈一点不介意，毕竟你是老大，没有一个大姐姐走了弯路来引导你，你没有办法遇见挫折，只能自己碰壁然后反思再努力去改,对吗?"

"嗯!"

"但是你阅历丰富,千锤百炼过得很充实,对吗?而且你会把自己的经验传授给转转,你这么爱他,他一定听得见,一定幸福地期待要见到你这么好的姐姐!"

兜兜趴在妈妈肚子上深深亲吻,悄悄说:"转转要听妈妈的话,乖乖的哦,别让妈妈太辛苦……姐姐爱你!"

每天给我感动的兜兜倒是提醒了我,作为两个孩子的妈妈,我还有一个重要的任务:告诉每一个孩子,你们即便拥有同样的血脉,也是颜色不一样的烟火。

1. 父母用心给每个孩子做"身份"记录,了解每个孩子不同的性格特点

每个孩子天性不一样,不能简单地照本宣科,养老大的经验,不能直接复制给老二。应该悉心观察每个孩子的特质,尊重每个孩子,顺应他的天性因材施教。

昨天因为转转胎动过于频繁——一天只停过两小时,肚子波浪翻滚严重变形,并且多次宫缩,不得不入院做胎儿监护、彩超等一系列检查,检查的结果转转一切安好,没有宫内窘迫或者缺氧,只是性格过于活泼。我翻看兜兜在妈妈肚子里八个月的日记,发现九年前也有一次入院做胎儿监护,原因却是恰恰相反,兜兜是胎动太少了,一天动不了十次。龙生九子各有不同,这份独特性是与生俱来的,我们无法改变,也不应当试图去扭转,接受它、认可它,并顺应它,找到最适合每个孩子发展的引导方式。

2. 肯定并关注每一个孩子的独特性

国家放开单独二胎后,两个孩子的家庭越来越多,家长们千万不要在孩子之间进行比较,什么"你看妹妹多听话""姐姐小的时候可不像你这么难缠"一定不要说,自己的孩子就可以比较吗?其实这句话的杀伤力跟"别人家的孩子"的效果一样糟。

理解每个孩子的独特性,是帮助孩子获得自我价值感,自尊心、自信心的基础。只有理解孩子的独特性才能使孩子感受到自己对父母及家庭的重要性,体验到自身存在的价值,才能帮助他们树立"我是不同于别人的独立的人"的信念。

昨晚睡觉前我问:"兜兜,你会不会担心妈妈有了小宝宝就不爱你了?"

兜兜不假思索地回答:"当然不会!我能帮妈妈做很多事情,可是小宝一出生只会哇哇地吃奶啊!我是妈妈的小帮手,小宝都需要我照顾呢!"

每个孩子都是与众不同的,自我认同是自信心的来源,是对能力的肯定,是独立思考的基础,是自尊心的体现。

3. 从每个孩子的特质中挖掘正向作用

孩子的特质没有绝对的正面特质与反面特质之分。就像我常说的,孩子最大的优点往往也是他致命的缺点。兜兜果敢、有主见,但是难免会刚愎自用、执拗。每个孩子的特质都有正负双向的作用,家长需要做的就是发现孩子的特质,并做正向引导,使每一特质都在最优的方向上发挥到淋漓尽致。让孩子带着与众不同的闪光点自信、顺畅地前行。

4. 正确理解和评价,独特性不是偏激、任性

上周亲子活动时,一个七岁的女孩因为自己不小心摔碎了组织方提供的每人一个的道具,不停地喊叫:"给我换一个!换一个!"

主持人在讲活动规则,让她等一下,她不听,偏执地大喊大叫,甚至因为主持人继续讲话没有及时满足她而扑上台去撕抓主持人的衣服和头发!

那个女孩的妈妈在台下笑眯眯地看着,没有一点儿去组织或管教女儿的意识,相反,她还自豪地对旁边妈妈说:"我们女儿特别胆大,谁也不怕,什么场合都不怯场!可独立了,想做的事情一定能做成!特别执着!"

我不禁为这个母亲的态度汗颜。

独特性是独一无二的意思，是指每个人与生俱来的某些特别的、独有的特质，但不是某种行为，不是任性、不是孤僻、更不是我行我素，而是独特的身份、名字、外貌，独特的思考、见解、作为，保护孩子独特性的目的是：让孩子认识自己的独特之处，认可自己生命的重要性。

5. 独特性不是孤芳自赏，也有社会性，需要得到他人的认同

很显然，这个扰乱会场秩序的女孩，她的行为不是独特性，而是任性的我行我素。自我认同不是让孩子自命清高、目中无人，自我认同也需要得到社会的认同。

人始终是社会动物，不能脱离社会存在，那么每个人的行为也必然需要放在社会中实现自我价值，因此社会认同即他人认同也很重要。如果所有人都不理解、赏识孩子的某种特质或表现行为，我相信是孩子没有被正确引导，没有正确地表达，不符合社会的期望，父母的引导方式必须修改。

就像社会心理学家顾里所说的"镜中自我"一样，我们对自己的了解与评价，通常都是来自旁人对我们日常生活中各种表现的评语，因此，我们在教育孩子自信地实现自我认同时，不要忘记告诉孩子：融入社会，拥有良好的心态与人际关系，认同他人并取得大环境的认同，才会走得更远。

不陪伴≠不相爱

随着孕周的增加，我能陪伴兜兜做的事情越来越少，体力与精力均力不从心，让我感觉非常沮丧。但是兜兜并没有因为我的渐行渐远而与妈妈产生隔阂，或者说没有产生丝毫委屈与不安全感。兜兜说："你不在我身边，我也知道，你爱我！因为你的心一直在。"

周日画室组织全体画童一起去郊区写生，为了孩子们的安全，要求父母陪伴。原本定好爸爸带兜兜一起跟团队出行，却不想，周六日两天兜爸爸都加班，周六晚上，兜兜信誓旦旦地说："没关系！我自己去！"

一个八岁多的小豆丁自己跟团去写生？还是去偏远的山区？我和兜爸爸心里都是七上八下地忐忑不安，兜兜去意已决，我们只好帮她收拾好行囊：一个画夹、一盒彩铅、一瓶水、一袋零食、一个折叠椅、一件雨衣。

周日早晨7时，兜兜鲜有地早醒，自己穿戴整齐、洗漱完毕，我和兜爸爸还是心中忐忑，又给兜兜口袋里塞了一部手机和20元零花钱，兜兜自信地一个人踏上行程。

在之后的十个小时，我分分钟刷屏，以期可以从组织方的微信上看到一丝兜兜的影像，可惜老师们忙得不亦乐乎没有时间更新微信。

下午五点，兜兜兴高采烈地回来了，详细给妈妈讲述了一天的游历景点、写生经过、午餐菜品，甚至还包括下午因解散自由活动，其他孩子都跟爸爸妈妈走了，她独自去买水而在迷宫一样的景区内迷路的惊险！那种失而复得的喜悦、独立自主的振奋让兜兜侃侃而谈到深夜仍不能寐。

兜兜说："妈妈，二十元钱我只买水花了两元钱。"

我问兜兜："为什么不给自己买一个小纪念品或者买点零食？"

兜兜说："我本想买一个糖画回来送给你和转转，可是我问了一下，一个糖画就20元，我的钱不够了，真可惜……"

我紧紧拥抱着兜兜：哪怕在她与队伍失散、最迷茫无助的时刻脑海中仍会想到妈妈和妹妹。

"你会不会觉得妈妈不爱你了？"

"当然不会！"

"那你自己出去旅行感觉害怕吗？"

"不害怕啊！我觉得很刺激很好玩！我已经长大了嘛！"

晚上，我看到老师更新的朋友圈，百人写生团可谓壮观：荧光绿色的小头巾、围裙所到之处都引来村民驻足。所有的家庭都是父母背着沉重的行囊，让孩子轻装简行只拿画板，唯有兜兜是只身前往：身后背着画夹、怀里抱着满满的一袋行装。我不禁有些窃喜或者说骄傲在心中荡漾。不陪伴不等于不相爱，没有伞你才学会更快地奔跑。你始终是那个自信乐观、独立坚强，不畏惧任何挑战的小狮王。

兜兜没有因为缺少父母陪伴而畏惧，相反，她为自己的羽翼丰满而自豪不已。我们总是觉得孩子离不开父母，其实很多时候，恰恰是父母离不开孩子，正如因临产而不能陪伴兜兜的我。

父母与子女之爱是一场渐行渐远的分离之旅。每个孩子都是因父母而来到世界，却不是为父母而来。孩子是会惦念父母之恩、手足之情，但是不可否认，他们随着年龄的增长、逐渐需要自己的朋友、同龄的圈子、独立的空间，这些被称之为自由的东西，我们的陪伴给不了。

很多人都在说生二胎是为了给老大一个伴儿，但是你们有没有想过孩子是否需要这个伴儿？这个伴儿有多少现实意义？也许手足都不如同龄的闺蜜、朋友更能交心。像兜兜的爸爸和叔叔，亲兄弟也免不了大学毕业后各自成家、身处异地、一年只见三次面，真正遇到困难时，相互支撑的更多是那些相处十几年的哥们儿、同学和同事。更何况兜兜和转转有 9 岁的年龄差距：兜兜 20 岁在大学花前月下的时候，转转也不过是个 11 岁在五年级的教室里玩儿西瓜虫的小毛孩儿，这注定他们会分别按不同的轨迹前行。

身为父母的我们呢？更不可能成为孩子一生依靠的臂膀，既然不能一生陪伴，就不要占有孩子身心，而要给孩子更多的爱与自由。

除了钱，我们还应给二胎算一笔亲情账

周五下午临时得到通知，周六直播的主题是《二孩放开了，生不生？》，此时微信微博已经被无情的二胎妈妈血泪史、经济账刷屏，各种负面的情绪在人群中发酵、宣泄，大家都在说二胎是奢侈品养不起。

不得不承认，生了小宝之后我每个月的刚需增加了 8600 元，因为我不是全职妈妈，工作单位离家又远，我只能在单位附近租了一个小房间，每天带着四个月的转转和月嫂一起上班，下班再带他们披星戴月赶回家照顾 9 岁的大宝。累得血压低，头晕目眩，刚哄睡小宝想跟着迷糊一小觉，大宝又跑过来一脸兴奋地喊："太好了！妹妹终于睡了！妈妈，你可以给我听写英语了吗？"……连喘息的机会都没有真的很辛苦、很烧钱，身心俱疲的我连一个说服自己的理由都没有。

问身边的朋友，大家都是 80 后的独一代，Wiwi 回复我："那些个说独生子女孤单的中老年人，我就不明白了，我们 80 后、90 后都是怎么活下来的？告诉他们，咱没有兄弟姐妹有朋友也是一样的！"

问月嫂李阿姨，她说："我婆婆上个月刚住院，十天就花了6000元，幸亏孩子多，三家一摊每家才拿2000元，要是一个孩子就负担重了。"

"可是我们都有稳定的工作和社保，退休有养老金，生病有医疗保险不存在这样的问题啊！"

"孩子多了轮流伺候老人今天一个明天一个的也负担轻啊，我在外边干活没时间，家里还有人照顾，这样我在外边也放心啊！"

"可是我们这一代所有人都有工作，谁也不可能为了伺候老人辞职回老家啊，这三四年我妈妈住了三次院，一直是平常请护工，周末我才能坐火车过去一趟啊……"

时间越来越紧迫，我有病乱投医地发微信求助已经年过60岁的妈妈，虽然发这条微信的时候我并不抱有任何幻想，毕竟她是一年前最反对我要二胎的人。

过了很久，妈妈仔细地回复我：

"现在父母不在了，我才感觉到兄弟姐妹多的好处。1.父母不在了，最心心相印的是姊妹兄弟。因为我们有共同的成长环境，共同的父母。2.父母老了共同照顾，我们倾诉的亲情与保姆照顾非同日而语，有事好商量。3.我们之间有了病互相照顾。政策允许还是应该多要孩子，钱是次要的，最重要的是孩子之间的亲情。"

我回忆起去年的这个时候，自己刚刚怀孕，姥姥还身体硬朗，寡居十年的她每天在保姆搀扶下围着小区散步、买菜，姥姥常拉着我的手说："要孩子干什么？养大了飞到全国各地的都见不到人，幸亏我是离休的发钱多，国家养我，保姆伺候我，你真没必要再受罪要一个孩子，孩子多了没用！你还年轻，用这些精力好好工作，保住了饭碗有养老金自己养活自己最保险！"

始料不及的是，不久后姥姥因为一次洗澡受凉肺部感染急症入院，病情恶化很快，一个月就从肺部积水转成全身积水开始暗无天日的血滤。五个月时间四个儿女有条不紊地轮流陪护着姥姥，我们四个孙子女也从世界各地请年假返乡探望她，每个人都像一只风筝，飞得再高再远也情系一线。

初春的午后阳光正好，妈妈、两个舅舅、小姨一起环绕在姥姥膝下，他们举着尘封已久的老相册说着曾经携手走过的悲喜。

"姐，你那时候总是和我大哥一伙，欺负我和小哥，你们俩下海游泳，让我们在岸边看衣服！"小姨是老么，即便是五十岁年纪在哥哥姐姐面前也一副娇嗔的腔调。

"谁说我总欺负你，你大哥惹你的时候每次都是我出来护着你跟他打架你忘了？！"妈妈是大姐，无可避免地担当着霸权加维稳的重任。

"老三小时候可会过日子了，我给他一个鸡蛋他舍不得吃藏在枕套里，都不知道藏了多久，等我洗枕套从里边掉出来已经臭了。"姥姥对孩子们的趣事如数家珍、历历在目，"老二小时候个子高、调皮，整天在外边跟人家打架，五岁的时候打了小朋友，人家妈妈领着孩子来咱家告状，说你们家大哥哥把我欺负了，我一问，人家都八岁了！后来送你们爷爷家去一段时间，全村孩子都被他打了一遍，等我去接儿子的时候，村里恨不能要放鞭炮欢庆似的，人家都奔走相告，哎，那个战争贩子可走了！"

"后来，咱爸被打成走资派关进牛棚里，是咱姐姐每天照顾家、做饭、洗衣服、拆缝被褥、给咱爸送饭。"小舅说这些的时候眼中满是感激……

我挺着四五个月的大肚子，倚在窗边的椅子上，静静地听他们嬉笑打闹，儿时的苦涩如今再回味也是甜的，那种相互倾诉的轻松是同事、同学无法给予的，因为没有忌惮。

姥姥眯眼笑得合不拢嘴，仿佛她眼前的就是照片上那一群十几岁的孩子。

"等我走了，你们可得好好照顾大姐，我年轻那时候没时间照顾你们四个，白天在厂里干活晚上还要开会不准请假，你们大姐13岁就做着全家六口人的饭，背着小的抱着大的不容易啊，长姐如母你们别忘了她对你们的好。"三月末，弥留之际姥姥把孩子们叫到床头，没有任何遗嘱留，只是想最后看看每一个孩子。妈妈说，姥姥最后留给我一句话，"别管男孩女孩，多一个孩子多一个伴儿，不求成名成家，平平安安健健康康地长大就好。"

直播开始前，我梳妆打扮等车的时间，兜兜非常尽职尽责地帮我照料四个月的小宝，她怀抱着妹妹扳着手指头念道："大拇哥、二拇弟、高三姐、四小弟，后边跟着一个小妮妮。转转，这些手指除了小名之外，都还有一个大名，就像你小名叫转转，大名叫亦冉，比如大拇哥还有一个名字叫大拇指，别看它个子长得小，但它是全体手指兄弟的老大啊！兄弟团做任何事都离不开它，所以尊称他为大拇哥；二拇弟顾名思义，就是大拇指的弟弟，家里排行老二，特别巧它的身高也是老二，它的大名叫食指，因为它特别贪吃，有什么好吃的都是要先伸出它去尝一下；中间的一个是女孩，它最高所以大家都叫它高三姐了，它也有一个大名叫作中指，这很容易理解对不对？因为它在五个兄弟姐妹的中间，左边两个、右边也是两个；四小弟就比较惨了，它出生之后爸爸妈妈把他给忘了，忘了给它起大名，所以人家就叫她无名指了；小妮妮是老五，它的大名是小拇指，因为是家里最小的女孩，就像你一样，大家都很爱你所以给你起了一个特别可爱的小名。转转你记住了吗？五个手指头就像我们俩一样是亲兄弟姐妹，长在同一个手掌上，谁也离不开谁，永远都不会分开，我们是最亲最亲的一家人！"

兜兜发现躲在门外问："妈妈，转转上学的时候，我在哪？"

我说："你上高中。"

兜兜问："那是我放学早还是转转放学早？"

我知道兜兜希望自己放学早，她可以早去接转转，可是现实总跟理想有一寸的距离，"应该是转转放学早！"

"没事，那你带着她一起来接我放学一样的！"兜兜一如既往地乐观，"等我上大学转转在上几年级？"

"转转像你现在一样大，上四年级。"

"那是……"

"是你放学早！你可以去接转转！"

"噢耶！太棒了！"

"等我大学毕业转转上几年级了？"

"上初中。"

"嗯！那我大学一毕业就去转转学校当老师！我要亲自教我妹妹看着她长大才放心！不然她早恋怎么办？上课不听讲做小动作怎么办？放学上网打游戏怎么办？我绝对不能让她变成问题少女！一定要告诉她妈妈把她生下来、养大是多么不容易！……"兜兜略一思索继续说，"但是我又不能让其他人知道她是老师的妹妹，所以上课转转也必须叫我老师，下课所有同学都可以叫我姐姐这样最好！"

走进直播间，虽然我没有一个字的底稿、提纲，可是我第一次感觉如此饱满自信，因为我真正想通了：

对！二胎是个奢侈品！因为它无法用金钱来衡量，没有等价物兑换以决定取舍！那些算经济账的妈妈，你们算的只是一笔糊涂账！什么有钱人的游戏，土豪的选择，它对精神的富有你衡量过吗？

语文老师告诉我兜兜班里这周写一篇观察作文，只是简单的胖大海遇水膨胀，可是兜兜把胖大海写活了！兜兜写道：

我给胖大海起了一个小名叫小胖，那么胖大海肚子里的核就是小胖的孩子喽，小胖在水里游泳，让我想起妈妈怀孕时泡温泉的样子……

我问："兜兜，你真的感觉有个妹妹很幸福吗？"

"当然！我在学校都会想起妹妹的小酒窝！妹妹的名字都是我取的，用了爸爸名字的第一个字，妈妈名字的第二个字，和我自己名字的第三个字，因为她是我们三个人的宝宝啊！"

我想告诉听众：现在的我，虽然成了月光族甚至亏空积蓄，但是并没有为物质上的贫乏而感到遗憾，相反，我非常庆幸自己的心灵得到更多慰藉。

等我也如姥姥一样白发苍苍，儿女绕膝，我相信岁月沉淀给我们的只有最真挚、纯粹的亲情。那时的我不会再为每个月一千元的车费、三千元的房贷、四千元的月嫂费皱眉，不会再为一夜三四次的夜奶喋喋不休……我甚至会为曾经哭鼻子的自己而害羞脸红。

　　谁的生活没有痛苦磨难，只有一帆风顺的快乐幸福？我宁愿相信一切都是人生最好的历练。那些坎坷时携手共进的相互关爱、悲伤时心照不宣的鼎力支持，即便是偶尔擦枪走火激荡起矛盾误会的轩然大波，都会在亲情中融化。

　　这个秋天，尝试种下一颗未知种子吧！虽然要浇水、施肥、保暖、驱虫，但是只要你心怀的是向往已久的绿荫，它就一定会枝繁叶茂！

给爱一个磨合期：生二胎，一定要做好大宝的角色转换

8月28日，临近暑假结束把兜兜接回来，本只打算过个周末就再把她送回姥姥家去，因为我的一己之力还无法照顾好两个孩子。可是发现仅仅一个暑假的分离，兜兜变得跟我们很疏远、很客气，就像六岁前兜兜独自在姥姥家生活的那些日子一样，她客客气气、战战兢兢生怕说错什么或者做错什么，去商店什么都不敢要，吃饭时什么菜都不敢夹只是干嚼米饭，问她什么都说不用了谢谢……

大家都夸兜兜长大了，不不不……这不是长大了懂事了！不是体谅妈妈辛苦，不是心疼爸爸工作奔波，是因为妹妹的降临而把自己送走对爸爸妈妈产生了芥蒂！我毅然决定留下她！我请保姆，亲自带两个孩子！把转转交给保姆，我带兜兜！毕竟转转生来就不是独生女，她很容易接受这一大家庭，而兜兜不是，她做了九年独生子女，一时还难以接受妈妈被分割、掠夺。

怀孕时，兜兜很期待妹妹降生，那种饱含憧憬的眼神是出于手足之情，她没有过多地顾虑妈妈，可是转转出生后一切让她措手不及，她想不到妹妹每两

个小时就要缠着妈妈吃奶半小时，致使妈妈再也无法远行，无法安心听她把话说完，无法陪她看电视只能抱歉地说等等，想不到她再也不能跟妈妈躺在一张床上读书聊天，因为怕吵醒妈妈床上的妹妹……虽然她也那么爱小妹妹，但是爱也需要有个磨合期，给彼此一个相互适应的过渡。

以前婆婆说老公与小叔子童年的趣事，说老公一直感觉妈妈偏心，因为妈妈把他送走了，全心照顾弟弟，他自己晚上在黑暗的楼道里哭，而弟弟却可以每天在妈妈身边。婆婆笑称：就连切一个苹果，从中间切开让老公先选择，老公都感觉不公平！

我们换到孩子的位置上思考一下：其实真的不公平。曾经他可以自己吃一整个苹果，只是几个月时间他的苹果就剩下一半了不是吗？作为独生子女，他们曾经可以无条件占有家里100%的物品，享有父母全部的爱，现在"一山容二虎"爸妈忽然说："给你一半就不错了！"大宝吃醋情有可原不是吗？

让孩子学会分享很重要，但分享是建立在自愿的基础上，生二胎我们并没有征求第一个孩子的意见就强硬地剥夺了他的百分百，那么现在，首要的是让他先学会接纳——接受木已成舟的现实，适应社会角色的转化而不是学习分享。

1. 父母要经常营造与长子单独相处的机会，让他感受到父母的爱，以便于他更能接受与弟妹分享父母

小宝出生后父母往往会被各种琐事弄得团团转，没时间陪伴大宝，甚至因为繁重的家务而把不必要的负面情绪撒在大宝头上，批评他不懂事，想当然地以为"你已经是哥哥（姐姐）了，怎么就不能帮妈妈分担一点儿还添乱呢？"这样很容易让大宝产生误解，进一步，他又会把怨气撒在小宝身上。

2. 鼓励老大成为老二的榜样，不要拿老二跟老大比较

老大最佳的家庭角色就是老二的榜样。因为有这个角色，老大会自然地希望各方面都做得更好，他会感受到老二的反馈和监督，因此会更自觉。不过，每个孩子都是独一无二的。无论老二有什么老大不具备的特点，都不要拿两个孩子进行比较。比较是妒忌的温床，很容易影响老大和老二的关系。

兜兜刚回家的时候我常说："兜兜，快来看，妹妹笑起来多像你！"

为了让兜兜更快接纳小宝，我把妹妹的照片与兜兜同期的照片拼在一起给兜兜看，给兜兜讲她这么小的时候发生的故事。即便如此，兜兜也是排斥的："才不像呢！她是大眼睛水汪汪的！我那么丑！"

"别瞎说，你们都是爸爸妈妈的孩子，怎么会不像呢？再说了，妹妹漂亮你抱出去多有面子啊！我抱只猴子去你学校，同学们会不会笑？"

兜兜被逗得前仰后合。

每晚，我会抱着小宝听兜兜弹古筝，并趁机给兜兜灌迷魂汤："兜兜，你看妹妹的小眼神儿多崇拜你！"然后我转头对妹妹说，"姐姐真棒对不对？等你长大了就不用请老师了，姐姐可以亲自教你古筝对不对？"

兜兜很受用地抿着嘴害羞地笑了。

3. 维护、稳定老大的家庭地位，被他人认同之余他才会认同他人

小宝出生后，朋友们纷至沓来，给小宝带了各种玩具。兜兜这次回来发现家里多了很多玩具，嘟着小嘴嘀咕："这么多妹妹能玩儿过来吗？"我赶忙对兜兜说："虽然这些是送给小宝的礼物，但是妈妈想，小宝会很愿意跟姐姐分享她的快乐，现在妹妹还小，她不会玩儿，你教给她吧！"

兜兜立刻欢呼雀跃，拆开一盒盒的玩具在妹妹床边一边研究一边煞有介事地讲解给妹妹听。

逐渐地，兜兜发现妹妹的出生不但不会夺走爸爸妈妈对她的爱，而且她还能够得到妹妹的爱，甚至是仰慕，于是，兜兜对于自己的大宝角色更加喜爱。兜兜说："妈妈你知道吗？我是狮子座，狮子王必须当老大！"

大宝在被我们认同的同时，有了满满的自我认同，并逐渐接纳、认同妹妹。

是啊，每个人都是与众不同的，自我认同是自信心的来源，是对能力的肯定，

是独立思考的基础，是自尊心的体现。可是一个有个性、有自信心的人，如果他始终得不到社会的认同、家人的欣赏，即使再自我认同也不过是孤芳自赏，如何实现他的人生价值呢？因此社会、家庭对他的认同即他人认同对大宝非常重要，维护大宝的家庭地位，大宝才会愉快地度过磨合期、更迅速地接纳小宝。

4. 重视孩子的社交圈建设，孩子与其他小朋友相处以及与兄弟姐妹相处是相辅相成的关系

孩子在幼儿园、学校，甚至在小区玩耍时都会接触到许多小朋友，共同生活的过程中会逐渐学习如何与朋友相处，解决彼此之间遇到的问题、甚至是如何与共同的老师相处。这些源自生活的亲身实践，是孩子社会角色形成与建立的基础，对孩子与弟弟或妹妹的和谐相处，是非常好的预习。当然，在家庭这个小环境中与兄弟姐妹相处的经验也有利于孩子推而广之运用到社会角色的扮演中去。

很多生了二胎的妈妈都在抱怨：怀孕时征求过大宝的意见，怎么小宝一出生画风就变了！老大怎么就忽然不懂事了？

换个角度来说：出厂后的新车，虽然已进行过磨合，但是零件的表面依然比较粗糙，我们要小心翼翼地经历一段磨合期，让机械零部件在初期运行中充分地接触、摩擦、咬合。

机械尚且如此，那么家庭这个智慧的整体有了新的齿轮，就不需要给每位成员一段相互熟悉、适应的时间吗？也许妈妈的焦虑也正是因为自己还没有度过心理的咬合，不如放低心理预期，给全家一个磨合期吧！

伯埙仲篪从胎教开始

——大宝给二宝最珍贵的礼物

得知意外怀了二宝之后两天,我和兜兜的情绪都波动很大,兜爸爸的要心坚决,我只能在强迫自己接受现实的同时,逐渐劝慰引导兜兜。

今天我搂着兜兜,亲昵地问:"兜兜,你知道妈妈是从什么时候开始给你写日记的吗?"

兜兜摇头。

"从你住进妈妈肚子里那一天开始,妈妈就开始给你写日记,记录自己的身体、心情,还有你的成长发育。"

我打开博客,随意点开几篇读给兜兜听,兜兜笑着笑着眼泪就盈满了眶,"妈妈,我爱你!"

"我也爱你,宝宝!永远不会有第二个人可以得到这份爱了,那是我的第一次,第一次做妈妈,饱含憧憬、好奇的等待本身就是神奇的旅程,你的每一点变化、每一丝变化妈妈都格外珍惜,因为我从来没有经历过,所以我只会为你写日记，写一辈子。"

"妈妈，那转转怎么办？你也不给他写日记吗？"兜兜有些受宠若惊。

"不给。一来呢，我第二次当妈妈，没有新鲜感了；另外我的精力有限，我只能记录一个孩子的成长，发现问题还要帮你出主意、想办法，我没有更多时间去记录转转的变化了。"我斩钉截铁地回答。

兜兜惊喜之余却犹豫了："我觉得转转好可怜，如果他知道……"

"不会的，妈妈不能写了，但是姐姐可以写啊！从现在开始，你负责每天记录妈妈的身体、情绪变化，转转的生长、动作、营养……我把他交给你负责好不好？等转转长大了，你把这些日记读给他听，就像妈妈今天读给你一样，我相信他一定会感谢上天给他一个这么完美的姐姐，这一定是他收到最感动、最珍贵的礼物。"

兜兜姐姐写给转转的第一篇日记：

11月14日　　星期五　　晴

今天下午，我怀着期待的心情陪妈妈去妇产医院看肚子里的小宝宝。一进医院大门，我看到医院的环境像酒店一样豪华、有披着纱帘的钢琴，有专门为小宝宝设计的儿童乐园，有咖啡厅，还有镶满钻石的椅子，看得我眼睛闪亮亮的，心情特别放松，没有像去别的医院那么紧张。（妈妈点评：那是因为即将抽血的不是你，我怎么就没心思东张西望上蹿下跳的？）

迎面走来一个微笑满面的阿姨，她温柔地帮我们挂了号，带我们去见医生，医生说妈妈怀孕7周多应该做三项检查：验血、验尿和彩超。

妈妈抽血的时候，我害怕得看都不敢看，因为我害怕血——害怕别人抽血，更害怕自己抽血。

做彩超的时候医生抹了一些黏糊糊透明的东西在一个刷子一样的探头上边，然后从妈妈肚子上画了两下，我就清晰地看到了小宝宝的图片！我以为转转已经有我的胳膊那么长了，图上的阴影是他微笑的大嘴巴，我还笑话他长得真丑！可是妈妈告诉我，那个拇指大小的阴影就是转转的全部！我觉得他真小，就像一个弯弯的橡皮糖一样，真可爱！我想，我是一个大象姐姐，他是一个蚂蚁小宝宝，我很强壮，他很弱小，我要好好保护他，把他也培养成一个大象！

有了二宝，怎么对大宝说，怎么让大宝接受这个突如其来的生命，短时间适应独生子到大姐大的身份变化，甚至是爱上这个角色并成为妈妈的得力干将？很多妈妈都在为此苦恼，其实孩子需要的只是一点时间去适应这个变故。

1. 时刻关注大宝的情绪反应，及时给予劝慰

不要等瓜熟蒂落才开始引导大宝接受现实，做好大哥大姐，最好是备孕期间就给大宝准备一些跟弟妹有关的绘本，给她足够的时间去思考、理解与向往。

如果您也是意外有了二宝，也不要回避，第一时间关注大宝的反应，当大宝产生排斥情绪时，父母要表示理解，接受孩子的哭闹及坏脾气。

2. 给大宝分析利弊得失，让孩子从迷茫中饱含期待地展望未来

父母虽应实话实说，让孩子了解之后的变化，但是既然目的是为了劝导，说话就要有侧重点，轻描淡写什么爱的分割、时间的分配等棘手问题，突出有了二宝会有哪些高兴的事，当老大可以有哪些特权，以及父母老了之后，他们相互可以成为最亲密的支撑与依靠等，多给孩子传递正能量，消减大宝的情绪危机。

3. 坚定说出你对大宝无可动摇的爱，并尽量克服孕期反应身体力行多陪伴他

妈妈的孕期是大宝最后的独生子女时光，最初的一个月他一定在担心妈妈的爱会被二宝夺走，妈妈们要经常性表达自己对大宝的爱——不是一次把他哄开心就万事大吉，孩子的情绪不稳定容易反复，尤其是批评大宝的时候要注意语气、措辞，不要因为孕期的焦虑烦躁牵连大宝敏感的神经。

除了语言表达方式之外，妈妈一定不能突然放手交给老人或保姆，让孩子有巨大心理落差。力所能及地陪孩子聊天、讲故事，不要让大宝滋生"妈妈有了小宝就不管我、不陪我"的嫉妒心理，如果孕期就种下这样的印象，这将对以后两个孩子的和睦相处非常不利。

4. 逐渐培养大宝的责任感、独立性，让他感觉老大是独一无二的荣耀

妈妈们虽然表面上说二宝好，但心里都很清楚，以后两个孩子了，尤其是一个还嗷嗷待哺，这时间精力都是很难权衡分配，对大宝的照顾会不由自主减少，与其产后让大宝一夜长大，不如在孕期就有意识地培养大宝独立性，让他做些力所能及的家务，告诉他："小宝好崇拜你呢，都可以帮妈妈干活了！虽然他还什么都不会，但是小宝竖着耳朵在里边听着呢，他肯定在下决心向你学习，期望自己像你一样棒！你是老大，以后怎么教他就看你的了！"

5. 培养两个孩子的感情基础，让老大加入胎教过程

兜兜在肚子里的时候我的胎教安排得井井有条，上午英语、下午古文、晚上先听着音乐散步，回家再抚摸着肚子讲寓言故事。

这次我分身无术，既要辅导兜兜作业，又要洗衣做饭，怎么办？我说："兜兜，妈妈把爱全部都给你了，没有力气爱小宝，给小宝讲故事了。"

兜兜问："那怎么办？"

我说："我把爱都给你，你再把自己当姐姐的那一百分的爱传递给他好不好？这样你们每个人都得到一百分的爱啊！你看，现在妈妈每天陪你看书，指导你学习，你的英语书、语文书就可以当他的胎教故事，你弹古筝就是小宝最好的胎教音乐呢！以后你学习的时候都很有感情地朗读，弹琴的时候用心地弹对弹好，把他交给你好不好？"

兜兜欣然接受，从此学习、练琴都不用再催促，一掀开肚子，兜兜就认真地端着书凑了过来，怕小宝听不见，兜兜还不时停顿下来，趴在肚皮上问一句：

"转转，你听见了吗？"

6. 感恩父母，让大宝见证父母的不易

我专门下载了《怀孕管家》《快乐孕期》等三个应用软件，每天睡觉前最安静的时刻，我会打开胎儿发育 3D 展示给兜兜看，让她了解小宝的生长发育，增进两个人的手足之情。

同时，我还会给兜兜讲他在妈妈肚子里的情景，让他感觉看着二宝茁壮成长就像重温自己未知的胎儿期、婴儿期，我相信她不仅会爱上二宝，还会更懂事、更体贴理解妈妈生养自己的不易。

上周，妈妈在厕所刷牙，忽然呕吐不止，兜兜迅速跑过来替妈妈捶背，给妈妈端水漱口，等爸爸赶来时，兜兜很有使命感地说："没事了爸爸，有我在呢！把这里交给我就行！"

这一个月，兜兜长大了很多：吃钙片的时候会顺势塞一片进妈妈嘴里，告诉妈妈："我觉得转转需要它！"买了最喜欢的草莓、芒果也舍不得吃，会把大个的挑出来给妈妈，看妈妈满足的神情，不忘问一句："妈妈，转转喜欢这个味道吗？"

爱不仅可以分割，而且可以传递。更何况是血浓于水的手足之情？相信每一个大宝都会顺利接受二宝，每一个妈妈都会找出最实用的答案。

第二章

对　家　长

孩子拖拉，错在父母

上周六参加《女人花·父母学堂》很多家长提问："我的孩子做事磨磨蹭蹭，周五的作业非要周日下午才写！怎么办？""我的孩子早晨不起床，非要等我给他收拾好书包、灌好水、早餐喂到嘴里才行"……

其实同样的结果，却有不同的诱因，不知道家长有没有静心分析过这样一个问题：孩子为什么要拖拉？他这样做的目的是什么？

因为孩子本身就是慢性子？还是因为需要他去完成的事情他不会？或者他不愿意去做这件事就磨蹭拖拉，以期得到妈妈的包办或者赦免？又或者是因为我们给孩子的任务超出了他的能力范围，需要更多的时间去完成？当然还有可能是孩子对你的计划没有兴趣，他在用消极来抗议，各种原因不一而足。

记得有一次我去学校接兜兜放学，正巧听到兜兜和萱萱两个小姐妹在聊些闺蜜私房话：

萱萱问："兜兜。你周末都学什么啊？"

兜兜很疑惑地反问："就写完作业，然后玩儿啊！你不是吗？"

萱萱眼中闪现着羡慕的极光："你妈妈都不给你报补习班吗？"

兜兜说："我只学一个小时的古筝而已，还是老师到我们家来，没有其他的了。"

萱萱感叹道："兜兜，你妈妈真好！我周五下午写完作业，周六上午是奥数班，下午是小记者班和作文班；周日上午英语，下午钢琴和声乐，周末比上学都累，我要是有一个你那样的妈妈就好了！"

兜兜之前根本没有意识到每个家庭、每个妈妈的教育方式是不一样的，萱萱这句话让她颇为震撼，当我转到她们身前，兜兜看到我时，飞扑上来，紧紧拥吻了我，很深情地说："妈妈，我爱你！"

很多妈妈都没有想到在你们和闺蜜，对着"别人家的孩子"啧啧称赞的同时，孩子们也在为"别人家的妈妈"赞叹不已。

这时萱萱妈也来接孩子，急匆匆地催促萱萱快点走，然后开始跟我抱怨："我们家萱萱可磨蹭了，晚上说要大便，结果躲在厕所看书，一看就是半小时，怎么叫也不出来！"

萱萱妈很焦虑，但是她没有想过女儿为什么会拖拉，细细回想跟兜兜的过往，我们不妨给拖拉行为分分类，更容易找到原因，去对症下药。

1. 因孩子能力所限的"慢"不是拖拉，家长需要放慢自己的脚步，配合孩子的节奏

兜兜总是很羡慕妈妈梳头发又快又美，自己废了很大精力、很长时间还是梳歪了马尾；兜兜羡慕妈妈写文章可以信手拈来，她也想跟妈妈一样，可是蹙着小小眉头写了一个半小时却只有300字；兜兜羡慕妈妈每次购物结账时可以把一件件商品合计得分毫不差，而自己对现金累加的口算总是差强人意……

孩子做功课、做家务、生活细节上会比成人效率低、速度慢，但他并不是因为拖拉，家长不能以成人的标准来规范孩子的行动，他毕竟是孩子，能力所限需要家长耐心地放低要求，多鼓励而非催促。

孩子刚刚入学时写作业慢，家长不必焦虑，小学低年级养成好习惯比做题量多少、成绩优劣更重要。

A. 孩子是因为对知识掌握不熟练所以做题慢、拖延了时间不要紧，可以给孩子纠正一下写作业的顺序，每次先复习再做题会事半功倍。

B. 孩子因为某一道题不会做被卡住了，耽搁较长时间，家长催促责骂毫无价值，当务之急是教会孩子做题的顺序：遇到不会的题先做好标记跳过，待全部会做的题做完再仔细思考；仍没有思路的情况下，孩子再求助家长。

C. 孩子已掌握课堂知识、没有不会做的题目，只是写字慢，或者口算慢这是正常现象，因为他刚刚接触学校的学习，家长不要急于求成，多鼓励孩子的认真行为就可以了。

2. 孩子实质性的拖延症，可能是家长没有让孩子尝到"快"的甜头，应把时间规划权交给孩子

回到萱萱的故事，她明显不是因为不会做作业才在家拖拉，躲厕所里看书，她是感觉做事"快"对她自己没有一丁点儿好处。

孩子自己有一笔账：妈妈把所有时间都给我安排了辅导班，我做得越快任务越多，反正也不能出去玩，不如索性做得慢一点，起码可以省点力气，躲厕所里是我唯一可以看自己喜欢的书的时间。

这个问题解决的最好方式就是：妈妈做出改变，还给孩子独立的时间规划权。在孩子较快完成了学习任务之后，不再对孩子层层加码，给他充分权利与自由，允许他自己列时间计划表，自由支配他节省出来的时间，孩子有权做一些自己感兴趣的事情就会感觉到做事快是值得的,他的动作才能够"快"得起来。

3. 家长别焦虑、别包揽，让孩子为他的磨蹭付出代价

兜兜上一年级的时候没有时间概念，周五放学不做作业，说这一下午本就是她的疯狂日；周六一会儿要去游乐场，一会儿要看电影；磨蹭到星期天，再

也没有回旋余地了，才开始嘤嘤啜啜地哭着写作业，一边写一边不情愿地抱怨作业多、削铅笔、喝水、上厕所……各种拖拉，我并不急于去帮她，只是把各种需要做的作业列成清单摆在书桌上，让她自己完成一项，画一个对号，并提醒说："你完不成作业老师会批评哦！"起初她不明白这样做的后果，依然在那里磨磨蹭蹭的，那我就任由她去，我就是要让兜兜体验到拖拉的不良后果，果不其然，两个月的时间兜兜总是作业出错率高，甚至该背诵的课文没有背、该预习的生字不会写，挨了批评后，兜兜非但没有改正自己的坏习惯，还埋怨妈妈说："你的心真狠啊！其他同学的手抄报都是妈妈帮他们做的！你都不替我做！"

"可是作业是老师布置给你的任务，不是我的任务啊？！我每天都有自己的工作任务，我完不成领导也会批评我、扣我的工资；学习是你的任务，你完不成作业当然是批评你啊！"妈妈说的话让兜兜瞠目结舌。

我继续说道："你看妈妈每周都是先完成工作任务，然后周末就有时间踏踏实实地做个美容、出去跟好朋友逛逛街、陪你去游乐场对不对？先完成任务我心情就很放松了，不用像你一样玩的一天半时间也心里不踏实，总想着还有作业没做，千万别到星期天啊，最后必须要做的时候心情很不好，做题时烦躁容易出错，还会挨批评……为什么不跟妈妈学习一下？咱们周五就列好时间计划表，把规定动作都做好，然后一身轻松地玩儿好不好？"

兜兜茅塞顿开，从此自觉自愿改掉了拖拉的陋习。没有妈妈的催促、胁迫，没有自己的不满、抗争，过渡得异常平稳顺畅。

孩子们都很聪明，有了对比，他会趋利选择。孩子在不愿意做的事情上拖拉，告诉孩子有些事不愿但必须要做，比如爸爸妈妈去上班，你去上学，但……必须要做的事，拖拉也无法逃避，只会让时间白白跑掉，还不如迎面迅速解决，再痛快干自己想干的事。

有很多家长一看表：孩子快迟到了！就焦虑地一边催着骂着，一边帮孩子喂饭、穿衣服、收拾书包，看孩子磨蹭做不完作业就大包大揽帮孩子做一部分，其实这样适得其反，孩子会认为自己拖拉的后果是有了可乘之机，虽然被妈妈骂不好，但是只要我装听不到，妈妈什么都会替我做的！最后我上学没迟到，作业也做完了，在学校老师同学都不知道啊，所以无所畏惧地继续拖拉，依赖心越来越重，妈妈越来越累，成为恶性循环。

每个人，不管是孩子或成人，只有在体会到磨蹭给自己带来损失之后，才能自觉自愿地快起来，因此，让孩子为自己的磨蹭付出代价，让孩子自己去品尝磨蹭的自然后果，不失为一个改掉孩子磨蹭毛病的好方法。

4. 孩子的拖拉是家长的影子。检视家庭的教育环境，及时调整教育方式

周末，兜爸爸在厨房做饭，兜兜自己在餐桌画画，画完一张，兜兜很有成就感地喊："爸爸，你快来看！这是我画得最好的一张了！"

爸爸正忙得热火朝天，哪有精力去看兜兜的画呢？顺口说了句："等会儿！"做完饭，爸爸让兜兜收拾干净餐桌，帮忙端饭，已经全然忘记曾经对兜兜承诺的那句"等会儿"，吃完饭，爸爸接到同事的电话，躲到屋里去谈工作了，孩子不知道家长这么久一次次拖延究竟是在做什么，只记住了爸爸拖了很长时间，还是没有做他约定的事情！既然大人可以拖延，我也可以，这就是孩子正常的思维：于是兜兜看电视的时候，爸爸说该学习了，她顺理成章回了一句："等会儿！"

虽说延迟满足是正常的生活状态，也应该让孩子学会等待，但是家长需要注意方式方法。应该让孩子了解并参与你的劳动及生活状态，而不是误读你的行为。比如：我在晾衣服兜兜说妈妈快来看看我的画！我会先看看夸奖一下，顺便说："妈妈在晾衣服，你要不要跟妈妈一起？"

我相信大部分孩子都会在得到认可后，积极响应妈妈，参与家务劳动。

如果我在接电话，我也会如实告诉兜兜：妈妈在接电话呢，你要不要跟他说话？

兜兜总是好奇地问："谁的电话啊？"

我会告诉他是××领导或者××同事，起初几次，兜兜会兴奋地接过电话喊一句"叔叔好"或者"阿姨好"，大家都是有家庭有孩子的人，可以互相体谅，对方只需回一句："兜兜你好！"兜兜就喜不自禁地跑开了，再也不打扰妈妈打电话。时间长了，孩子对我工作的状态、身边的同事比较熟悉，只要听说妈妈在接电话就不会再纠缠，会安静地在一旁等待。

这就像大禹治水，疏导比封堵效果好得多不是吗？因此，杜绝孩子拖拉，首先就要从家长做起，少说一句："等会儿！"给孩子充分的沟通，取得孩子的理解与谅解。

5. 帮孩子认识时间的价值，并通过利用"计时速度测定"，让孩子直观地体会"我可以更快更好"

兜兜刚上一年级的时候正好6岁，磨蹭着不写作业，一位专家说兜兜没有时间价值观，我真对这样书呆子的专家很无语，6岁还没有学会认识钟表，怎么谈得上时间观念，更别提时间价值观，她根本不明白时间对她来讲意味着什么。

对于7岁以下的孩子，我们首先要教会他认识时间，然后和孩子一起制订一个《日常生活计划表》，比如早晨几点几分起床，洗漱用几分钟、几点吃早餐、几点到校、几点放学……让他监督自己有没有磨蹭现象，不超时的时候及时给予表扬，并在计划表上奖励一个小粘贴，孩子为自己的进步而高兴，就会主动加快自己的做事速度。

兜兜刚开始学习古筝，练指法非常枯燥，我没有像监工一样站在身后催促，而是用手机上的秒表计时，让兜兜跟自己赛跑，兜兜觉得非常有趣，她可以一次次打破自己的纪录，非常有成就感。

不要总是照本宣科埋怨孩子没有时间观念，孩子对不理解的事物难以产生珍惜感，不知道时间的宝贵又怎么会有适度的紧张感、紧迫性？这是许多低龄孩子做事磨蹭的重要原因，所以，家长可以在孩子的生活中"制造"点紧张的竞争气氛，妈妈假装跟孩子比赛，或者让孩子跟自己的历史成绩比赛，让孩子的神经绷紧一些，使孩子的生活节奏加快一些。

6. 杜绝粗暴地打断孩子，应给孩子合理的缓冲时间，顺理成章地接受新任务

在要求孩子做事情之前，事先告诉他待会儿要做什么，给他一个缓冲时间，等规定时间一到，就果断地督促孩子从事下一项活动。比如，兜兜放学喜欢先看些绘本放松一下，我会提醒她："看20分钟哦，20分钟后不管看到哪里，夹一个小书签，下次再看，我们就该做作业了。"如果20分钟后兜兜还是继续看，我会拿着书签过去，帮兜兜夹在当前页并且合上书说："兜兜真是懂事的大姑娘了，说话算话，咱们写完作业再继续看！"这样的关键是，妈妈说话的语气一定要温和而决断。要让孩子感觉到你虽然理解他，但是立场很坚定，没有讨价还价的余地，他已经享受到了缓冲时间，你没有强迫他接受突如其来的变化。

7. 防止隔代亲造成的标准不统一，要和老人针对孩子的教育做理性沟通，持之以恒养成好习惯

首先是在很多家庭里存在两代人在教育孩子方面观念不统一，沟通配合较少，导致在教育孩子遵守作息时间和家庭规则方面形成漏洞，其后果是孩子很容易钻管理和教育的空子。因此两代人育儿应该统一要求，不能各行其是。如果爸爸妈妈对孩子要求严格而爷爷奶奶放纵，孩子会当面一套背后一套地耍小聪明，无法形成规律的习惯。

其次，教育理念要持之以恒地贯彻，不能半途而废。如果家长今天严格管教，明天又放松了，孩子自己都无法认知哪一天的标准是规范的，又谈何形成良好的习惯呢？良好的习惯要经过不断重复和反复的实践才能养成。

只有全体家庭成员坚持一致的标准要求，日积月累，孩子的行为意识才能"定型"。那时孩子会认为他做的是自然而然的事情，会主动地去做，慢慢形成习惯。反之，他会感到被压制、强迫，不愿意去做，自然很难形成习惯。

8. 家长需要想方设法让学习、规则变得有趣起来

为什么孩子喜欢玩儿 iPad 却不喜欢抄写生字，冒着挨揍的风险也抱住 iPad 玩儿游戏？因为每个人对于自己喜欢的事都会自愿去做，完全不需要督促，而对于枯燥的事肯定是能拖则拖，想让孩子爱上规则性、摈弃拖拉确实不容易，需要家长和孩子一起努力。比如在家中营造安静整洁、专供学习的环境；限制孩子看电视和电子游戏的频率，以免强烈的感官刺激长时间占据孩子的大脑；及时肯定、鼓励孩子，及时调整孩子的情绪状态；找几个孩子一起学习，利用同伴的力量来相互督促等。

兜兜这个寒假在丹尼家学英语，不再是一对一地单独学习，与一个年龄相仿的小男孩 Sal 成了同学，两个孩子在一起谁都不甘落后，学习劲头更足了，下课再交流一下心得，互相说说各自学校的趣闻，英语课都变成小伙伴快乐的聚会地。

除此之外，我和兜兜还有一个小秘密——每天晚上的卧谈会：我们每天晚上关灯后躺着聊这一天发生的事情，不管是开心的还是不开心的，全部都说出来，绝对不留隔夜仇，为什么选择晚上呢？因为这是一天中最安静、最隐私、最轻松的时刻，我想这是亲子关系中最细节教育的一环吧，我们可以毫无顾忌地倾诉、安慰，让孩子化解心中的压力和烦恼，释放她的天真与思想，伴随着心里油然而生的安全感舒畅地入眠。

如果你的孩子也拖拉磨蹭，不服从管教，那么不妨试一下上边的办法，我相信没有教不好的孩子，只有迷茫找不到方向的妈妈。

陪伴不是为了取悦孩子，而是父母与子女双向的行为

周四晚 20：00 — 21：15 我做在线直播时，兜兜一直在我身旁安静地看着文摘，很多人感觉不可思议，七八岁的年纪，怎么可能就这样安安静静一个多小时陪伴着妈妈工作？很简单，我一直和兜兜保持着平等的关系，强调陪伴是我们双向的过程。你需要妈妈的时候，妈妈无条件陪伴你，但是妈妈需要你陪伴的时候呢？你也应同样地尽力而为。

网上搜索："孩子陪伴"这一关键词，出来的结果全部都是父母应该如何陪伴孩子的文字，没有一篇是关于孩子怎样陪伴父母的，一味强调父母的付出性，却没有想到用同理心来规范孩子的言行，可以说是教育的盲区。

五一期间，我们一家三口去看电影，兜爸爸想看美国大片，我想看喜剧，兜兜自然是选择动画片，我提议三张票三个不同场次，每个人看各自喜欢的影片，先出来的在大厅等，三个人聚齐再一起去吃午餐各自讲一下自己看的影片。

兜兜极不情愿地反抗，各种理由不一而足：什么"我怕黑！""我自己看没意思！""别人的爸爸妈妈怎么都能陪着孩子？你们就不能！"最终结果是

我陪兜兜看了一场动画片，而爸爸自己去看了部美国大片。

散场时，兜兜滔滔不绝地对爸爸讲着刚看完的动画片，笑得前仰后合，转身发现我一直温暖地对她微笑，兜兜问："妈妈，你是不是也觉得XXX特别有意思？还有后边YYY那一段很好笑对吧？"

我坦白地告诉兜兜："妈妈已经是成年人了，对于动画片会觉得有些幼稚、无趣。妈妈愿意陪你去看，只是因为妈妈爱你。因为我要陪的那个人是你，我才会心甘情愿用一小时四十分钟在你身边，其实，让我觉得特别开心、满足的不是这部影片本身质量如何，而是你的笑容，宝贝。因为它一直吸引你的情绪，给你带来欢笑、感动，所以我才觉得它是一部好的影片。"

兜兜突然意识到，陪伴还有这样深层意义：不是因为妈妈喜欢这件事情，而是因为妈妈爱自己。

兜兜乖巧地凑过来亲吻妈妈："妈妈我也爱你！以后我也可以陪你去做你喜欢的事情！"

从那天开始，兜兜会放慢自己的脚步，搀扶着大腹便便、行动缓慢的妈妈，不再是一个人兴冲冲地奔跑在前边喊："妈妈，我先去池塘捞鱼了，你慢慢走啊！"

我说："兜兜你先去玩儿吧，妈妈走得慢！"

兜兜会耐心地说："没事，我陪着你！"

这个月，我们逐渐习惯了相互的陪伴、相互包容，甚至可以说有些时间的相互妥协。

直播的前一晚我和兜兜商量："明晚妈妈在家做网络直播，可能需要语音答疑，你可以陪着妈妈一起做吗？"

兜兜很兴奋："当然了！我需要做什么？"

"如果有人提问你，你就回答，别人提问我的时候，你就在妈妈身边安静地看书好不好？你可以去洗漱或者吃水果，但是尽量不要发出声音好吗？不然会有杂音，我说的话对方可能会听不清。"

"没问题！"兜兜爽快地答应了。

直播时，有人提问："我也是职场妈妈，下班后还要做家务，没有时间陪孩子怎么办？"

我说："可以让孩子陪你啊！陪伴是相互的！你做饭的时候，可以对孩子说，陪妈妈摘菜洗菜好不好？然后这半小时顺理成章就从纯粹家务时间变成两个人的亲子时间了对吗？"

很多家长感觉让孩子陪着自己工作、干家务是浪费宝贵的学习时间啊！但是，陪着，其实也是孩子的一种能力，一种交流，一种情商的学习。

不要让孩子认为父母的陪伴是理所当然、不陪伴的父母就是不尽职，并因此对父母发脾气。父母有必要让孩子了解大人的真实想法、身体、工作、家庭处境，让他感受到父母的不易，才会对他所获得的倍加珍惜。这个过程我们不是乞求、强迫孩子陪伴，是让孩子感觉到父母也需要陪伴，并且他们具有陪伴的能力。我想，每一个孩子都会乐于付出他们的陪伴，并因此而获得更强大的自信心与成就感。

除此之外，在相互的陪伴中，我和孩子也懂得要给对方足够的自由时间和空间，就是常说的：在合作中学会独立。

有人问："我的孩子如果不陪着玩，他根本不知道怎么玩！现在家里一个孩子太孤单了，他自己很无聊、很可怜。我是不是应该生个二胎？"

我不认为生二胎可以解决这个问题。孩子偶尔的无聊是必需的，为什么时间总要像压缩饼干一样被塞得满满？正如成年人需要一些空置的时光，这个空当我们与自己的身心静静交谈，将更加确定下一步的方向，每个人都应该有独立思考的时间。

孩子也是一样：当孩子独自玩耍时，自我意识得以发展；当父母陪伴他玩耍时，他的协作、交往、规则等意识得以发展，但是自我是放下的。只有这两种状态相互结合，孩子才能得到全面健康的发展。

如果父母无时无刻不陪着孩子，孩子则很难获取自我发展的空间，因为他的自我和成人的自我是纠缠在一起的，甚至是被成人所裹挟的。尤其是在家里，父母陪聊、陪玩、陪学，每天被家长重重包围、保护得牢不可破的孩子，忽然离开父母会感觉无所适从，不知道自己一个人可以干什么。成人的自我紧紧包裹着孩子的自我，这无异于一种独立生活能力、感知世界能力的扼杀。

我们不可能陪孩子一辈子寸步不离，为什么一定要费尽心机地清空自己的时间、爱好、工作，只为了在孩子身边陪伴、取悦孩子？这样的牺牲自己倾情付出，对孩子的成长未必有利，倒不如给孩子还原我们真实的生活：没有人能像父母一样不计回报地适应我们的孩子，我们要过的当然也不是单方面适应孩子的生活，而是引导他进入、适应我们的生活，因为孩子需要观察、融入正常的社会化生活的能力。

陪伴的意义与尺度就在于此。

父母对孩子说话何必小心翼翼？

最近这几年家庭教育指导得越来越细化，连父母说话的声音大小、语调尖锐、措辞犀利都被严禁，父母从60后的权威型家长，到70后的民主型，再到80后的朋友型，而今呢？伺候孩子的过程简直是小心翼翼、如履薄冰，甚至卑躬屈膝对孩子毫无原则地宽容接纳。

有的孩子因为妈妈怀孕了要生二胎就以跳楼相威胁，最终逼迫妈妈含泪引产四五个月已成型的胎儿；有的因为考试成绩不理想，妈妈批评两句就离家出走；有的品学兼优，却因为老师想给他调换座位，一怒之下冲出教室跳楼身亡……

最近两年屡见不鲜的案例告诉我们什么？我们的谨小慎微根本换不来孩子的身心健康！民主育儿也必须树立家长的权威性，给宽容设定一个界限和规则，也就是我们管理学中常说的阈值。阈值也叫作临界值，是指一个效应能够产生的最低值和最高值。

回忆一下我们的童年，老师的责罚、妈妈的训斥与鼓励表扬交相辉映、充耳不绝，没有几个孩子因为过度表扬放纵，亦没有几个孩子因为长辈的几句话就寻死觅活地离家出走。如今我们家庭教育中对孩子的宽容、理解、尊重被无休止地细化，其重要性被人为地扩大化了，甚至是过度渲染了不是吗？

想起4月11日参加亲子活动的一个环节，让母子互相赞扬，每个妈妈都对自己的孩子如数家珍，孩子对母亲的付出却视而不见，我当众表达了我的看法：教会孩子自我认同的同时需要让孩子认同他人。活动组织方的老专家不愿意了，有板有眼地拿书本理论教导我说"不应该当众批评孩子，要给孩子留面子，要尊重孩子的情绪，你这样让孩子很难堪"等。

我不支持这种做法，对于我自己孩子一个人的小错误、小缺点可以我事后启发教育，但是一个社会问题，我不应该在公众场合点醒迷茫的家长迷途知返吗？专家们请停止对家长无休止的批判，过度的民主、宽容会造成家长在家毫无权威可言，对孩子的尊重必须要有孩子对家长的对等尊重，如果孩子说什么家长就必须言听计从，顾忌孩子的小情绪，那么中国五千年的国法家规就会本末倒置。

1. 一定的界限和规则对孩子很重要

孩子需要自由、平等、民主的家庭氛围，有表达意志的权利，你可以自主地安排睡觉、吃饭以及做家庭作业的时间，但是自由必须在合理的阈值范围内。比如：在一小时内你不吃饭我就会把饭菜撤走，你饿了，我不会再单独给你做，我也有我的原则、我的生活，你需要等到下一顿饭的时间。妈妈不是你的佣人，平等、自由是相互的。不要仅仅为了孩子就丧失自己的生活节奏和尊严。

2. 家长要有主张、有底线

正如前文说到那个怀二胎又为了老大引产的母亲，我认为这位妈妈是不理智、不负责任的。家长自己优柔寡断，没有主见很容易被孩子牵着鼻子走。正如伏尔泰所说："我不赞成你的观点，但我捍卫你说话的权利。"家长需要做的就是先订好自己的计划、有明确的主张，然后通过与孩子推心置腹的交谈，引导孩子接受你的建议，或者两个人规划出一条更优路线，这个过程是有底线的。作为家长我们尊重给孩子表达的权利，不等于对孩子言听计从。如若那般，还要家长老师做什么？我们的教育、引导在哪里体现？

　　妈妈说话的语气可以轻柔、温婉，但是态度要明确、坚决。孩子几句话妈妈就被孩子制伏了，灰溜溜地引产了是不是舍本逐末了？杀一个孩子、保一个孩子一定不是这个妈妈的初衷，可是本想劝服孩子，却被孩子咄咄逼人的态度降服的家长不在少数。也许你一辈子遇不到这样人命关天的抉择，但说到小处，那些在超市打滚要玩具的孩子，家长是不是也无底线地妥协了？

　　在与孩子交谈之前，你必须有自己的主见，坚定自己的思想，定好事情本质发展的底线，再去跟孩子谈民主、自由与平等。

3. 父母的权威不是用来限制孩子自由，而是规范言行的标尺

　　父母应该有权威性、震慑力并不是说我要以一种独裁方式抚养孩子，我们需要树立对孩子的影响力，为孩子创建一个有安全感的家庭环境，这不代表孩子犯错误我就会用家长的权威去处罚他，我只是让他真实、深切地理解反省自己犯下的错误，并且使改正后良好的行为能持久。孩子也需要将心比心地换位思考，不能只是一味地去哄去宠，那不是真正意义上的民主宽容，而是溺爱。

　　父母的权威性不是独裁，因而父母需要把握好度，像一场足球赛，我们不能越位，也不能不作为地缺位，这样给孩子养成良好的习惯后，即使父母不在场，孩子也会自觉地、创造性地按父母的要求去做。

　　相反，那些没有给孩子树立权威的父母，当孩子做错事时，大喊大叫甚至拍桌子、打屁股，孩子也仍旧不以为然，或者只是表面接受，而内心不服，之后继续我行我素。因为他们没有给孩子设定合理的规则，每次临时性地允许或否定，让孩子无所适从。

4. 给孩子持久的信念与安全感，而不是有求必应

总有父母说到给孩子安全感，但是朋友型父母很难给孩子安全感和归属性。试问一下，我们有几个人在孤独无助时首先想到的不是父母、亲人？这种稳定、有序的亲子关系会给予孩子强大的信念与力量。

父母的权威性不是靠对孩子的"高压"——专制独裁；不是靠"宠爱"孩子——溺爱放纵；不是靠"说教"——喋喋不休；更不是靠"吹嘘"——鼓励与表扬要切合实际，只有家长情绪稳定、自控力强、有明确的处事标准和态度，实实在在地面对孩子，把孩子真正放在孩子的位置上，按照孩子成长的规律教育孩子，才会给孩子安全感。

一会儿把孩子当学生一样训斥，一会儿又把孩子当珍宝一样捧起；这次说不允许做，下次遇到同样的事情又因为心情好大开绿灯，朝令夕改会让孩子被错乱的规则困扰、茫然失措，反而失去安全感、没有了持久的信念。

我们没必要对孩子说句话都小心翼翼，父母越卑微孩子越脆弱，我们不希望孩子成为经不起挫折的玻璃人，就应该对孩子的行为进行适当要求，并对结果进行恰当反应。"理性、严格、民主、耐心、关爱"是息息相关、不可分割的教育链条，家长作为教育主体断不可厚此薄彼。

告诉孩子，节俭≠吝啬

兜兜是隔代养育跟着老人长大的，从小就耳濡目染老一辈人勤俭持家的传统美德，姥姥常说："兜兜，爸爸妈妈上班很辛苦，赚钱不容易，所以我们要珍惜爸爸妈妈的劳动所得，要节约！"兜兜也不孚众望养成节俭的好习惯：一张纸画完画不会随手丢弃，下次叠成纸飞机，纸飞机玩儿腻了，又废物利用剪窗花。全家人对兜兜的好习惯给予极大的肯定与鼓励，谁知，兜兜节俭愈演愈烈，已从好习惯发展成小气吝啬的极端行为，我们不得不再次插手加以引导。

1. 节俭不是丧失公共意识

小区的假山池塘因为清淤换水，没有了嬉戏的鱼群，兜爸爸就提出去市场买些漂亮的观赏鱼放生到小区鱼池，可是这件事被兜兜极力否决："那不行！我们买的鱼应该放我们家的鱼缸里啊！放在这里就成了大家的！那被别人抓住了就成了别人的！明明是我们花钱买的。"

2. 节俭不是丧失分享意识

即将六岁，我问兜兜："今年还在学校和同学们一起过生日吗？"

"不过生日了！每次带去一个那么大的蛋糕，我自己只吃一小块，都给别人吃了还浪费爸爸妈妈的钱！"

"可是自己吃自己过生日的蛋糕有什么意思呢？跟大家分享能得到更多的祝福不是最快乐吗？'独乐乐与人乐乐，孰乐'你知道答案吗？"

3. 节俭不是丧失孝心意识

太姥姥弥留之际，想要一个毛绒兔搂着睡觉，我立马去买了两只做工与质量都比较好的毛绒兔。

兜兜问："妈妈为什么买这么贵的东西啊？多浪费啊！"

姥姥教育兜兜："你妈妈给你太姥姥买东西可不是浪费，这是我们做晚辈的一片孝心，是不能用金钱衡量的！钱，在该省的地方省，不该省的地方不能省。"

"什么地方该省？什么地方又不该省？"兜兜迷茫于节俭与吝啬的界限。

当我们教育孩子节俭的时候，许多孩子都会与兜兜一样迷惑，孩子不理解我们教育他们节俭的本意，单纯地以为节俭就是省钱，甚至不花钱。

（1）节俭是不浪费，而不是该花的钱不花、该用的东西不用，更不是对自己大方、对别人就"节俭"。

舍不得买鱼放生到公共池塘，这种意义的吝啬小气其实是人本能的利己思想、自我意识形成中正常的反应，孩子身心未发展到成熟形态，他舍不得把自己的东西贡献出来，没有为公意识家长不用过度批评指责，应摆正孩子在家庭中的位置；同时，以身作则引导孩子了解自己与周围人群、环境的关系，让孩子心中有他人、有社会公德心。

（2）节俭是消费适度、有节制、理性的生活态度。

怎样算适度、理性？不妨让孩子当一段时间的"财务主管"。家长可以和孩子进行角色对调，让孩子当几天家，家庭支出都从孩子手中拿，或者让孩子准备一个小本子做收支记录：日常饮食起居各项采购、水电气暖各类缴费、学习交通各种开支都让孩子了解，这样，孩子就能掌握家庭必需品的开销都在哪里，除此之外，与人分享的人际交往开支也必不可少，这需要在家庭中形成一定的公平环境，让孩子懂得分享不是失去，而是更高意义上的精神的获得。让孩子懂得分享不应建立在交换的基础上，更不该对分享对象有选择性，用客观、审慎的态度分析对待。

（3）为了防止将节俭理解为吝啬，我们应该在教孩子节俭的同时，鼓励孩子把节省下来的钱用到有价值有意义的地方、奉献一片爱心，而不是仅仅省出来、攒起来。

比如，让孩子用自己攒的钱买书买文具、为贫困儿童捐款、为长辈买礼物尽孝心，君子爱财取之有道、用之有道，这样一来孩子就能理解节俭的含义，不会将吝啬与节俭混为一谈了。

节俭，是有节制的生活俭省；吝啬是小气，当用而舍不得用的过分爱惜，两者的区别是一个量力而行的度。

除了这些有形的可计量的物质，其实我还想到另一组比较：很多人问我怎么做到带着两个孩子、从事高强度的数据分析工作，还在十个月时间里考出儿童心理咨询治疗师的从业资格证，完成第二本书的写作，周末到电台做亲子关系的解读嘉宾？我利用每天坐公交车上下班的两个半个小时听课，晚上九点半孩子们睡后再美美哒敷着面膜在电脑前码字，挤出时间，享受与自己的兴趣独处，这是不是能够归纳为我对时间的俭省？我不浪费自己的时间，不等于我吝惜感受生活的美好对吗？

节俭与吝啬不仅仅是消费观念的撞击，更深层是我们对消费趋势的总体认识评价与价值判断，所以，理清这两个理念的界限，也会帮助孩子树立正确的人生观与价值观，使其与一定社会生产力的发展水平及社会、文化的发展水平相适应。

积极的人际关系给孩子阳光的心态

孕七个月，我已腹大如箩行动不便，婆婆来我们家里帮忙照料三口人的饮食起居，顺便带了各种菜籽，把家门口的空地开辟成一分菜地，兜兜一边开心地帮奶奶松土、撒种、浇水，一边忧心地蹙着小眉头问："奶奶，我们用不用做一个围墙？不然别人趁你不在家来偷菜怎么办？"

不等兜兜说完，奶奶就制止兜兜："别胡说，哪里有偷的？咱们种的菜好，邻居们看着喜欢就摘点儿回去吃没什么，那是摘，不能说偷知道吗？"

这是我第一次听到有人把顺手牵羊的偷菜叫作摘菜，我觉得心头暖暖的，如这一个阳光和煦的春日午后。

婆婆总是喜欢做很多面食，不管是包子还是窝头，分送给邻居，不出两周婆婆已经有了固定的朋友圈子，每天早晨一起爬山，下午一起跳广场舞。

周日，兜兜在写周记，忽然冒出一句话："妈妈，假如咱们家着火了，我觉得会有很多邻居帮我们打 119 求救的！"

"哦？为什么？"

"因为奶奶跟邻居都是好朋友了,好朋友就会相互帮助,有一句话叫作远亲不如近邻嘛!"兜兜能说出这句俗语是出乎我意料的。

就在去年,邻居老太太沿着小区院墙种了一排豆角、黄瓜,每天午后不辞劳苦地搬着小凳子坐在自家小菜园前,看着来往的人们,生怕大家会趁她不备偷了豆角。一但发现有孩子靠近立即喝止,可是,越不让看孩子们越好奇。其实孩子们靠近的目的只是想一天天看到小豆角、小黄瓜怎么从花朵里变出来,老奶奶的人体栏杆却制造了更大的神秘感,于是,夜晚打着手电筒偷小豆角的事件此起彼伏,每每早晨听到老太太站在墙边咒骂小兔崽子们没家教,就很纠结,怎样才能协调这样"公说公有理,婆说婆有理"的对立关系?

非常感谢我的婆婆,她善良地换掉了一个"偷"字,只是这一字之别、一念之差就教会孩子正确看待、对待人际关系。

如何引导孩子建立顺畅的人际关系,是很多家长在纠结的问题:"别的孩子总是欺负我们孩子怎么办?""我们孩子不合群总是自己玩儿怎么办?"……其实很简单,第一给孩子做出好榜样,第二营造豁达和善意的环境。两者都需要家长以自身的修养浸染给孩子潜移默化的影响。

1. 引导孩子换位思考,教给孩子必要的、标准的交际用语

除了通用的"请、你好,谢谢,对不起,没关系,再见"等礼貌用语外,还应该引导孩子设身处地换位思考,及时地介绍自己、表达自己的感受,真诚伸出友爱之手,恰到好处给予对方赞美、肯定等。比如:"我是某某某,你叫什么名字……?""很高兴看到你!你比照片上还要……""你喜欢玩什么?咱们一起玩儿吧!"

"跟你在一起真开心,期待下次早点见到你!"

2. 教给孩子交往的原则,指导孩子协调社交中出现的矛盾

虽说与人交往是灵活随机的,但是日久见人心,再复杂多变依然有原则可

循：自私自利、耍小聪明、斤斤计较的人得不到真正的朋友，真诚、宽容、沟通、奉献、关心、分享才是交往的要诀。

孩子之间相处，闹点小矛盾、出点小事故在所难免。

"你就不会还手？咱不能吃亏！"或者"惹不起躲得起，以后离×××远点儿，别跟他玩儿！"两类极端的宗旨性错误引导一定避免。但是我们也不必告诉孩子"吃亏是福"一味忍气吞声，从每一件经历中总结矛盾双方的优劣，取其精华为自己所用，才是日后逐步提升交往能力的关键。

上个月，兜兜放学的时候在操场玩儿，被高年级的男孩子从一米多高的平台上一把推下，脸朝下坠地，摔得惨不忍睹，而男孩子的妈妈却趁我们扶兜兜的一分钟时间迅速拉着孩子逃离了现场，没有一句道歉的话，更没有一丝愧疚的帮助，甚至没有让我们看清他们的背影。我们紧急带兜兜去医院进行检查消毒止血消肿之后，兜兜仍旧心有余悸，第二天不想再去上学，但是我鼓励兜兜去，没有什么事情可以逃避、值得逃避，这不是你的错，为什么你要害怕、要觉得丢脸？

首先，犯错误必须有担当——我要求学校查出这对类似交通逃逸的母子。我不需要任何物质赔偿，只需要一句道歉。我们应该让孩子知道，犯了错误就应当承担相应的责任，哪怕只是一句道歉，也胜过唯唯诺诺的逃避。对这次犯错的男孩是警戒，对兜兜也是一样。

其次，孩子应该学会自我保护——害人之心不可有，但是防人之心不可无。兜兜在这件事情上也有责任，她只顾眼前却忽略了身后的危险。因为在一个群体中，并不是每一个人都友善谦和，尤其是在游戏和户外活动时，有些人可能会因规则、秩序的概念较为淡薄，伤害到其他人，所以我告诉兜兜，不论何时何地应该全面地观察你所处的环境，避免到拥挤、争抢激烈的地方，毕竟明枪易躲、暗箭难防。

生活本来就是有悲有喜，有常规、有意外。让孩子全面地了解世界，不等于让孩子把世界看得灰暗；知道世界是光明的，也不等于毫无防范心理。这是孩子对社会应该持有的态度，也是教育孩子应拿出的示范。

最后，宽容原谅他人的错误——接受别人的道歉，给他改正的机会。

疏导、转移孩子对矛盾结果的注意力，反思起因，检讨自己的过失之后，宽容他人的缺点与失误，培养孩子宽广的胸怀。毕竟事情已经发生，无法逆转，我们需要教孩子充分应用"沟通、宽容"去化解交往中的不快，对做得好的地方给予正向强化，让孩子在人际交往上坦荡接纳，在互相协调中提高交往能力。

3. 给孩子创设更多社交场合和机会，让他在实践中成长

当我们给孩子浇灌了一定的交往礼仪和社交技能后，我们就可以有意识地带孩子出去了，最好的教育始终在路上而不是在教室对吗？

每个周末多带孩子参加不同团体的社会实践活动或者请朋友们来家里举行简单的家庭聚会，让孩子结交不同成长环境的小朋友和各行各业的大朋友，了解他们的生活、逐渐摸索出与不同人相处的技巧。

每个周末我们会带兜兜参加电台直播、电视台节目录制、亲子活动或者户外运动，兜兜与大家线上、线下交流的同时看到电视台摄影师的辛劳、主持人的睿智、嘉宾的博学、其他小朋友的友善，更感受到大家共同努力完成一项活动时那种团队的凝聚力，兜兜在实践中摸着石头过河，逐渐找准了自己的定位，正如陶行知说的："莫做人上人，莫做人外人，要做人中人。"

4. 家长自己多交朋友，给孩子做出榜样

毋庸置疑，家庭环境对孩子心智性格存在潜移默化的影响，家长广结善缘，孩子耳濡目染就有了交朋友的欲望、条件。孩子在父母与朋友交往的融洽氛围里，感受到快乐，自然会模仿父母的方式去结交朋友；甚至还可以说家长的朋友圈子自然而然为孩子拓展了交往范围，几个家庭的孩子因父母关系顺理成章就结成了朋友。

5. 不以成人的眼光去评判孩子的交往能力，给他成长的空间和时间

孩子的社会经验有限，并且性格有天壤之别，不要指望孩子在人际交往上的表现恰好符合你的理想。他可能是开朗大方，也可能内向腼腆；可能性格强硬倔强，也可能柔弱顺从；可能狡黠，也可能厚道。每种性格特征都有自己的优势与劣势，无须厚此薄彼，强制孩子做改变。只要他拥有良好的朋友关系，和同伴玩耍时是快乐的、内心是纯净的，就足够。

一位哲人说过："人生的丰富是人际的丰富，人生的美好是人情的美好。"人的烦恼来源于人际交往，同样，很多快乐也来源于人际交往。为了孩子的快乐，我们必须引导孩子建立良好的人际关系。毕竟家长行为反射的作用对孩子的影响远比专门的教育作用还要大。

从"小龙女"自虐看父母关系对孩子的影响

成龙与吴绮莉的女儿吴卓林（小龙女）2015年备受外界注目，先是3月与母亲沟通不良报警声称自己被虐待，紧接着又是一连串的离家出走、割腕二三十刀自杀入院。吴绮莉9日主持广播节目时全程戴墨镜、眼睛红肿，虽然她一再声明小龙女伤害自己不是因为感情或家庭问题，可能是受同学影响，现在小朋友流行（割腕）。但是身为父母，我内心充满悲哀，我不觉得这是桩娱乐新闻或八卦消息。这是一出不正常男女关系所延伸出的下一代的伦理悲剧。

十五年前，成龙果断斩情丝，这些年大家已经渐渐淡忘了他这出不光彩的历史，可是事实证明，父母不合，孩子难以温暖健康地成长，这场悲剧不仅仅发生在过去男女分手的某一个时点，而是今天、明天仍在延续。

父母关系不融洽会给孩子造成什么影响？

（1）恐惧心理。夫妻关系差，互不信任、争吵、讽刺、冷战，甚至家庭暴力，会直接影响孩子的正常生活，孩子会因缺乏可依赖的对象，进而缺乏必要的安全感。

有些家长若无其事地轻描淡写："孩子一直在这样的环境就习以为常了，刚开始恐惧，以后就麻木不以为然了，不是有句话说，时间可以冲淡一切嘛！"

其实，当孩子长期处于父母的冲突之中时，他们不会渐渐习惯这种冲突，而是会变得更加敏感而易受伤害。

3月份吴绮莉被15岁女儿吴卓林以虐待为名报警，传警方还在其寓所中找到疑似毒品，事件轰动娱乐圈，但随后吴卓林接受香港周刊访问透露：报警不是因为被母亲打，而是因为母亲每晚喝两瓶酒，还常喝醉就痛哭，自己很担心母亲情绪问题，所以希望借报警让母亲接受帮助。

吴绮莉也对媒体称，可能自己回到家里没掩饰情绪，令女儿不开心，又解释自己喝酒是因为失眠时不想服安眠药，承诺以后会少喝些酒。

母亲的行为和神态使孩子的情绪受到强烈的冲击，这种伤害不会随时间淡化，而是越来越深地刻画在孩子心间，引发孩子的消极情绪，如恐惧、悲伤、无助感等性格扭曲现象。

（2）被抛弃心理。夫妻发生争执时，孩子看到自己最爱的两个人针锋相对，很容易出现偏激的想法：爸爸不爱妈妈了，如果此时孩子害怕地哭喊或请求父母停战，父母充耳不闻，孩子会伤心、无助，误以为父母也不爱自己了。长此以往，夫妻对孩子渴望温暖家庭的需求视而不见，自然而然会引发孩子的被抛弃感、逃避、退缩，甚至对他人的嫉妒、仇恨和敌视的态度。

正常的夫妻争吵都会给孩子造成如此沉重的心理伤害，更不要提小龙女，在尚未出生时，成龙一句"犯了所有男人都会犯的错"父母便划清了界限，作为私生女，从未得到过父爱。哥哥房祖名处处得到父亲庇护，即便是吸毒都会有父亲帮助解封，可是同样的父亲，没有给自己一丝一毫的关爱，一个孩子心理会平衡？会没有被抛弃的感觉？

（3）自卑心理。父母不和或者单亲家庭的孩子往往会比较敏感自卑，尤其是离异后父母双方都各自组织了新的家庭的孩子，他们会敏锐地察觉到自己与其他孩子生活环境的差异，小心翼翼地应对两方家长，长期在此不良情绪的压抑下，孩子的性格很可能不稳定、内向、压抑，感情上较为冷漠和孤僻、自卑，表面上想逃离和躲避，但内心又渴望关爱。

（4）敏感猜忌心理。由于孩子的自卑，对生活中的许多小事就比较敏感、在意，用戒备心理对待周围情况，对他人缺乏信任、脾气暴躁，不愿意听到对自己不利的信息，甚至对别人的好意也会产生误解和挑剔。更有甚者会将"父母不和"的原因都归结在自己身上。

小龙女十六年生活在私生女的阴影下，成熟懂事却无法避免敏感易受伤害，她透露说母亲有时喝酒后会推撞她，但她"不觉得痛，没有什么"，"她打我不要紧，这只是作为报警的理由，我录口供时，也告诉警察，我是需要找人帮助我妈妈，因为我帮不了她"。她觉得妈妈的痛苦跟自己有直接的关系，她要帮妈妈分担痛苦。

（5）报复心理。夫妻不和时，双方焦点多在互相身上，对孩子的关注度降低。孩子的心理承受能力较弱难免做出一些出格的行为来，比如打人、离家出走，甚至伤害自己。

很难说小龙女看到其他同学享受父母之爱，甚至只是在媒体看到父亲对哥哥的鼎力支持时会不会产生报复的心理，吴绮莉说女儿自虐割腕只是流行，可是有几个内心开朗的孩子会用如此压抑隐忍的方式去追逐流行？

（6）从早恋中寻求补偿的心理。夫妻关系失调时，孩子感觉到自己被忽视，缺乏存在感、认同感，而孩子成长的过程又需要被关注、被呵护，于是，当这部分孩子进入青春期就会到家庭之外寻求情感慰藉，一旦遇到对自己关心的人，很容易将压抑许久的情感倾囊而出，不计后果地早恋甚至发生性关系。

（7）两难心理。父母在孩子面前讲对方的坏话等于把孩子作为传话筒，把孩子卷入了家长的"战争"，会令孩子在其中无所适从、不知所措。

（8）攻击性行为。夫妻争吵、招架一旦丧失理智脏话会脱口而出。孩子的模仿能力强，自然在与同伴交往过程中，会以此模式处理问题。如果父亲每次暴力都能解决问题，让母亲屈从，家里的男孩子会误以为暴力是最简洁有效的解决问题的好办法，面对朋友间的冲突延续使用父亲的攻击性行为。

那么，父母关系不融洽如何给孩子塑造健全完整的性格？

我们都心知肚明，婚姻不是童话，夫妻间的意见不合在所难免。而当这种意见不合以极端的形式被宣泄出来的时候，必定会对孩子产生一些影响。美国作家 Robert Fulgham 是这样形容的："不用担心你的孩子们总是不听你的话，而应该担心他们总是在注视着你的一举一动。"

作为婚姻中不可避免的内容——争执，我们无法把孩子完全排除在外，那么，我们就需要将消极的、破坏性的影响转化为积极的、建设性的。

（1）有意识地选择冲突发生的地点，尽量回避孩子。

（2）减少攻击和回避无效性争执，优先选择解决问题和妥协的言谈方式。

（3）如果孩子见证了父母的冲突过程，那么请让孩子继续见证冲突的化解、解决过程。这种问题处理的过程会对他将来处理人际关系产生积极的影响，也会让他对家庭的稳定性、安全感有更强烈的感受。

（4）夫妻中有过错一方应真实诚恳地道歉，并以双方商定的清晰方案促进问题化解。

和谐的夫妻关系是我们能送给孩子的最好的礼物——是一份足以让孩子享用一生的礼物。毕竟，最好的家教就是家庭和睦。

不要泯灭孩子的财富梦想

"妈妈！我想要一辆奥迪 Q5！"兜兜从四岁就钟情于 Q5 的车型。

"嗯，车不错！等你长大了买一辆吧！到时候别忘了带妈妈去兜风哦！"

"妈妈这个车多少钱？"

"50 万元吧！"

"我有多少存款了？"兜兜感觉自己攒了三年压岁钱应该有不少积蓄。

我拿出兜兜的小存折跟她一起看："很不错嘛，已经有一万六千元了！"

"呃……还差好多啊！"兜兜有些失望。

"当然喽，指望别人给你钱，自己不劳而获肯定凑不出来，你想一年五千多元，你需要攒 100 年不吃不喝才能买车呢！"

"100 年！我都进天堂了！再说那时候爷爷奶奶姥姥姥爷早就不给我压岁钱了！"

"所以说你现在要自己努力学习本领、长大勤奋地工作赚钱、攒钱买啊！靠别人总是不稳定的。"

"嗯，等我长大了，我还想买一条狗、去一趟日本迪士尼、还想给爸爸妈妈姥姥姥爷所有爱我的人买礼物……"

"你有这么多梦想真棒，我帮你记下来，咱们一起列一个梦想计划表，你现在努力学习，等你长大了就可以慢慢地实现这些梦想了！"

1. 要让孩子的财富梦想有计划、分步骤、可实现，唤起孩子的上进心与热忱

说着，我在备忘录开始登记，左侧一列是兜兜的梦想，中间一列是所需要创造的梦想财富值，右侧一列是实现时间待填。

我问兜兜："咱们是按实现的难易程度，也就是金额大小排列呢？还是按照你喜欢的程度深浅排序？"

兜兜稍加思索："按钱的多少吧！这样我工作赚一笔钱就可以实现一个梦想，很有成就感！"

每个孩子的心底都有一份关于财富的梦想，也许孩子的梦想因为年龄所限不够具体，或者随时在变化比较随性，更有可能一时兴起让我们觉得荒谬，但是我们不能否定它的存在，不应讥讽它的幼稚，也许我们一个不经意的赞许、一个有计划的引导就可以调动孩子奋斗的热情，让他的梦想扎根、成长。

2. 帮孩子正视财富梦想，规正实现梦想的途径

曾经有次家庭聚会，一个小男孩说起班里有同学是富二代，继而说："等我长大了也要赚很多很多钱！我也去欧洲旅游买很多零食，谁都不给！……"妈妈笑话说："轩轩就是财迷，这么小就知道拜金！"

其实孩子的梦想涉及金钱是很正常的，我们没有必要去训斥他拜金，或者扼杀他对财富的追求。每个人都有做梦的权利，如果他对财富有兴趣，就支持他，帮他正视自己的财富梦想，为他指明创造财富、实现梦想的方向，让他用积极的心态去追逐自己的梦想。并提醒他，实现梦想不是一直空谈，是需要坚持不懈的努力与必不可少的机遇，实现梦想的路途漫长，不要因为急于求成要

小聪明或者走旁门左道迷失了自己，正所谓"君子爱财取之有道"。

3. 家长不要有"一夜暴富"的妄想，以免给孩子造成不劳而获思想，家庭需要营造正确的金钱观

我们也不能过分重视孩子的财富梦想，否则孩子会理解为"钱是万能的，赚钱才是最重要的事情"，把钱作为人生目标是偏激的，那么他会忽略掉生活中很多更加重要的部分，比如：健康、亲情、友情、爱情，甚至只是单纯的自我价值实现、社会存在感。

我们认可孩子的财富梦想，但现阶段要引导他先做好一个学生的本职：学习，不要妄想一夜暴富。

轩轩羡慕班里的富二代，被妈妈嘲笑之后反唇相讥："谁让你没有钱？！你要是有钱我也是富二代了！"

这句话深深刺进我的心里，虽然我们需要物质生活不能视金钱为粪土，但是我们应该告诫孩子：不能见钱眼开，更不能见利忘义、唯利是图！幻想天上掉馅饼，或者继承父母的衣钵不劳而获不是实现财富梦想的途径，在财富面前，孩子心理的天平应保持平衡。

我对轩轩说："你做不了富二代，但是你儿子可以啊！你努力做富一代不是更有成就感？咱有本事花自己的钱，更心安理得！到时候我们这群妈妈都可以自豪地说这顿饭是轩轩请客呢！轩轩加油，我们看好你哦！"

轩轩满意地笑了，坚定地点头："等我长大了请你们都去欧洲旅行！"

4. 给孩子准备一些浅显的理财、财经方面的书籍，帮孩子尽早了解财富知识

光有财富梦想，学习语数外知识还不够，孩子需要把他的财富梦想从理想化的幻影泡沫渐渐落地生根为现实的知识与能力。

比如基本的货币、银行存款、理财产品、基金股票等，家长会有自己的投资，在夫妻商议理财方式时没必要回避孩子，可以在孩子感兴趣的情况下简单跟孩

子解释一下,比如活期存款利率与定期的差异,对家庭收入的影响,而定期相比其他理财、基金又有怎样的差异,孩子在潜移默化中会对基础的财富知识有印象,并在以后自己的成长中不断深化、强化学习这方面知识。

适度呵护孩子的财富梦想——从它还是一颗种子,培育、扶正孩子的金钱观,每个梦想都会开出绚烂的花朵,结出甜美的果实,千万不要说:"孩子还小。"

静待花开，不是让你守株待兔的!

小宝出生后，雯姐来我们家里探望，进门就啧啧赞叹我们家的干净整洁，当时的我只以为这些是雯姐客气的寒暄，未放在心上，可是中秋期间我们抱着小宝到雯姐家串门，眼前的一幕却让我惊呆了：且不说满沙发的脏衣服、随处堆放的玩具让人无立足之地，单说木地板上斑驳的尿迹、屋里弥漫的异味就足以让人退避。

我说两岁的宝贝可以进行如厕训练，开始使用婴童坐便器了，雯姐传授起她的育儿经："专家说了要静待花开顺应每个孩子的个性，我儿子活泼好动坐不住，花期不同不能勉强，不急，孩子长大了自己就会了。"

到雯姐家正是晚上七点半——在其他家庭应该是孩子早已吃完晚饭的时间，雯姐却一直追着儿子满屋跑着喂饭。食物残渣掉满地，茶几、电视机柜和窗台上触手可得的婴儿碗筷都装满了残羹冷炙，孩子两只油腻腻的小手肆意在沙发、电视、手机上摸索，最终落在我家小宝的脸上……

我委婉地劝说："孩子这么大可以买个婴儿餐椅，让他跟你们坐在一起吃饭了，吃饭时间别让他随处乱跑，哪怕是他不吃，也让他在那里坐着感受一家人吃饭的氛围，过一会儿他看你们吃得那么香自然就想尝试一下，再说他自己也会感觉长大了；能跟爸爸妈妈一起吃饭很开心、很自豪。"

雯姐不敢苟同："哎哟，婴儿椅那种东西跟笼子一样，把孩子关在里边多拘束！外国专家说了要让孩子自由探索，无拘无束地成长，咱们国家就是规矩太多，不急，孩子长大自然就会吃饭了。"

昨晚，雯姐又带儿子来我们家里做客，两岁半的孩子依旧光着屁股随地大小便，既不穿纸尿裤，也不学习用坐便器；吃饭时抓一把食物就到处跑，更有甚者，晚上十点半仍乐此不疲地摔打着茶几上的铁质饼干盒，震耳的噪声吓得昏昏欲睡的小宝号啕大哭……

十一点送走了雯姐我反复思考一句话：孩子不教就能会？不育就可以成才吗？为什么半年时间我没有看到一丝进展？如果说静待花开就是对孩子无为而治？那与守株待兔有什么分别？！

教孩子礼节是约束孩子，给孩子养成规律的作息是磨灭个性，那么孩子最大的天性是好奇，为什么他想把小手伸进电源插座时你不让他无拘无束自由探索呢？为什么他喜欢废寝忘食地玩儿 iPad、打游戏你会阻止？因为你很清楚那会伤害孩子，你要保护他健康成长，但是你并没有想过规则、秩序同样是在保护孩子成长。一个建立了规则的孩子，并不仅仅是"乖""听话"，更重要的是，规则会节约孩子的成长成本，也会保护孩子的成长自由。

所以我们要明确，静待花开不是让你守株待兔的！静待花开是有目的性、主动性、计划性、执行力的过程。

1. 慢养孩子不是漫无目的的养，是在可预见目标的过程范围内依据孩子的个性适当调整速度、方式、方法

美国前任副总统阿尔·戈尔和他的妻子迪帕有两个孩子，一个叫莎拉，一个叫克里斯蒂。

当孩子还小的时候，戈尔夫妇决定为他们养一只小狗。小狗抱回来以后，他们就请宠物训练中心训练这只小狗。当他们抱着小狗来到训练中心时，女驯狗师问："夫人、先生，您的小狗的目标是什么？"

夫妻俩被这突如其来的问题弄懵了，面面相觑，嘟囔着说："小狗的目标？小狗还要什么目标呢？当然就是当一只狗了。"他们实在想不出狗还有什么另外的目标。

女驯狗师极为严肃地摇了摇头说："每只小狗都得有一个目标。"没有办法，夫妇俩商量之后，为小狗确立了两个目标：白天和孩子们一起玩，夜里在家里看家。

后来，这只小狗被成功地训练成了孩子的好朋友和家的守护神。而训狗这件事却让戈尔夫妇知道了这样一个道理——做一只小狗都要有明确的目标，更何况是做一个人呢？

其实，每个妈妈都对孩子的未来充满期许，甚至一厢情愿地以为自己的孩子是神童，也许有些妈妈并不认同，她们说"只要孩子无拘无束地快乐成长就足够"，但是我分明又听到他们拿着孩子 70 分的试卷怒吼"我无条件地满足你，你竟然给我看这个！"

静下心来，妈妈们应该思考一下：我们养育孩子的目标是什么？优异的学习成绩是我们对孩子的最高期望吗？融洽的人际关系是必备的能力吗？什么样的人生观与价值观可以引领他前行？我们要把什么样的人格传递给自己的孩子，才能使他们成为既遵纪协作又富有创造性的社会成员呢？只有确立了目标，才会关注相应的知识并给予孩子合适的指导。

2. 守株待兔是被动地堆砌时间，而静待花开却是主动地奉献培育

静待花开与守株待兔看似都是有目标——想要一株花和一只兔子，但本质的区别是等待的过程。再好的种子也需要阳光、土壤、水分，再茁壮的幼苗也需要施肥、捉虫、适宜的温度，这一系列的活动就是我们作为园丁，在静待花开时，给予孩子的主动输出能量培育的过程。心静，却不是消极怠工不作为；耐心，却没有被动墨守成规！

雯姐说："我儿子晚上想几点睡就几点睡，早晨睡到自然醒。十一点吃了早饭我们就出去玩儿，下午四点吃午饭再睡觉……"

我说："明年要是上幼儿园可得改改作息时间了。"

"我都不舍得让儿子上幼儿园，上课要老老实实地坐那里听讲，简直就是违背孩子天性啊！根本没必要……"

很多家长也跟雯姐一样，认为孩子在幼儿期，就应该顺其自然，无拘无束、自由自在地长大。任何对孩子行为的干预都束缚了孩子的天性。好像撒手不管，就是最好的教育方法。

对孩子的管教就是在束缚孩子的天性吗？孩子的天性不应被扼杀，这点绝对没错，但什么是天性你知道吗？孩子爱玩儿是天性，要尊重，要满足；但是与此同时孩子爱父母亲人此种孝心是不是天性？孩子同情关爱弱小，这份爱心是不是天性？孩子有自尊心期望被长辈夸赞、褒奖、尊重是不是天性？可见，每个孩子的天性和大人的天性本无二致。固然爱玩在孩子的天性中比重要大一些，但这并不是全部，不能认为教了孩子礼仪常识，尊老爱幼就是束缚了孩子的天性。孩子们表现得彬彬有礼、仪态万方受到长辈赞扬时自尊心得到极大满足，这本来就是尊重天性、顺势而为，这样的孩子到哪里都受欢迎。一定要把孩子养得不知深浅、不知利害，才算是没有束缚天性吗？

俗话说：少成若天性，习惯成自然。可见在儿童期养成的良好习性可以受益终身。以为顺其天性就是万事不管，那么孩子身上与生俱来的人性弱点（比如惰性、私欲）很容易像毒瘤一样膨胀蔓延最终不可治愈。相反，好奇是孩子最大的天性，他对危险品的好奇你需要规劝阻止，而他对礼仪规则的好奇心你只需要顺势引导，就满足了孩子。像栽培一株花，它有花期我们要尊重天性不假，但也需要给它恰到好处地提供阳光、水分，而不是放在地下室不管不问、打开水龙头肆无忌惮地冲刷。

3. 想要赏心悦目，必先持之以恒。静待花开是分析并认可每一株花朵的个性，订立培育计划，然后锲而不舍地坚守

　　小狗的故事让我明白另一个道理，如果我们只是想要一个好朋友和守护神却不付诸行动，那么再名贵机敏的小狗也不可能胜任。所以，我们不仅需要一个目标，还需要一个坚持不懈的训练过程。

　　二年级时，兜兜常说羡慕妈妈一笔好文章，但是自己懒得动笔，每次老师布置周末写日记，兜兜就跟妈妈讨价还价："妈妈，我说着你写吧，顺便帮我加几个成语、好句子之类……"或者三天打鱼两天晒网地耍赖："我上周写过了，这周不用写了。"

　　我并不勉强兜兜，只是每次兜兜写作业、看课外书的时间，我都会如期抱着笔记本坐在她对面的椅子上写文，兜兜时不时好奇地伸过头来读两行，我也会趁机征求她的意见："妈妈这里用××××这个成语好还是用××××好？"周末看了电影，我会邀请兜兜跟我一起写影评，因为我真诚地需要从她的视角得到中肯的建议。

　　一年的时间，我终于等来兜兜的花期，小家伙蓬生麻中加入每天写日记的队伍。

　　一次主题活动，兜兜上台介绍她的妈妈，她说，我最欣赏我妈妈四个优点："一是做事情持之以恒，绝对不放弃……"

　　对，静待花开需要逾越冰封的严冬抑或者酷暑的炎夏，不是心想就能事成，所以，执着地坚持是园丁对种子的信任，也是种子破土的意念。

4. 为自由设定界限。让孩子明确界限，然后守住自己的界限，再尊重别人的界限

　　真正的自由，不是让孩子在没有任何限制的情况下无拘无束地自由成长。漫无目的地等下去孩子没有花期！他会被不懂尊重、不讲礼貌、以个人为中心、刁蛮任性、不服管教的病虫侵袭，放任自流、没有任何约束的自由必将演变为宠溺、娇生惯养。对孩子来说，规则就是界限，就是让他明白什么可为，什么不可为。所以，不要再说孩子太小，长大就懂规矩了，孩子应该从出生就开始立规矩。这不是为爱设定条件，而是为爱计深远。

兜兜和其他孩子一样喜欢抱着 iPad 玩儿游戏，看动画片，很抱歉，我不能让她有恃无恐地一直这样玩儿下去，一来影响视力，二来也容易上瘾影响正常学习生活。我的规矩是周末两天可以每天看一个小时，前提是必须做完作业、练完古筝。

开始兜兜能自觉遵守，后来就开始提议："妈妈，我能不能不练，明天补上两天的课吗？""或者，我先玩儿完这个再去写作业行不行？"

"那我们一起做一道选择题吧？！"我问兜兜"你可以选择 A 先做作业，或者 B 先弹琴！"

"没有 C 先玩 iPad？"

"那是第二题啊！第二题：先玩儿游戏打怪，还是先看动画片？当然，我们要按顺序先做完第一题。"

我会坦承："妈妈也知道这个过程很枯燥，不过在你到达那个目标之前，妈妈愿意在这里陪着你一起面对困难。"

规则可以有弹性，但不是规则本身可以变来变去，只是根据儿童发展的不同阶段，有执行规则的弹性。规则不是限制，它保护孩子成长的自由，让孩子自由地发展潜力，自由地解决问题，自由地承担责任，自由地得到他想得到的答案……最终成长为一个身心都有尊严的成人。

不要以为孩子的行为与你无关，没人教他去上厕所，他永远不知道厕所的作用，守株待兔等来的也许是一头狼！

静待花开不是守株待兔。"静"是一种心境，不焦虑不逾越，不是静止、止步不前；"待"是养精蓄锐、厚积薄发，却不是在等待中故步自封；"花"除了是名词表示一种植物，你们有没有想过它还是一个动词，耗费时间与心思？没有这心境与行动，怎么换来最后"开"出结果？

李亚鹏先陪小情人睡觉才出门，你呢？

潇潇妈妈抱怨说：儿子6岁了，做不喜欢或者不愿意的事情时很拖拉，比如晚上到点还想玩不想睡觉，刷牙洗脚就是慢吞吞的,是不是没有时间概念啊？下半年就要上学了，这种情况该怎么改善？

哈，我觉得孩子的心态非常非常正常，妈妈千万不要焦虑，每个人都趋向于自己喜欢的或者对自己有利的事情，这是孩子的心智逐渐成熟的表象。

其实时间有两种定义：

一是空间时间，就是客观的时间——我们真正从钟表上看到的时间，它是真正意义的。它是按照过去、现在、将来的顺序依次延伸、发展，永不停歇地表示宽度和数量的概念。

但是，大家可能忽略了，就是我们做任何事情，其实还有个主观时间、心理的时间。做喜欢的事情他觉得时间特别快，比如说，你让他看动画片的时候，规定他看20分钟，但他看了20分钟，还觉得不满足，拖拖拉拉不肯关电视："怎么我才看了 5 分钟你就给我关电视了？！"那是因为他喜欢，他的心理作用渗透在里面；反之，如果换做你让他学习 20 分钟，他就总不停叨叨："怎么时间还没到啊？怎么又要做作业啊？"这其实就是一个心理的反应。

所以，这个提问的妈妈面对的不是孩子没有时间观念，不是孩子拖拉，而是孩子心理时间的不满足感。孩子很天真地企图用身体的迟钝换来时间的迟钝：他不想睡觉，就拖拖拉拉，刷牙洗脚慢吞吞。

每一个妈妈都有切身体会：我们的小孩不可能对一切事情都热情洋溢，世界再丰富多彩也总有那么一些孩子不喜欢又不得不做的事情，那么我们需要怎样跟孩子沟通呢？

1. 给每段时间起一个有趣的名字

兜兜也是一个不舍得放下故事书的孩子，每次吃饭时姥姥三催四请菜都端上桌了她还不来，睡觉时姥姥关灯了她还没有准备好。不是她拖拉，更不是不饿或者不困，她只是感觉读书比其他事情更有趣。那么我们就需要将吃饭和睡觉也变得有趣起来，比如，给孩子的时间都起一个比较可爱的名字好不好？！不要认为妈妈一定是严肃的、以身作则的，孩子达不到你的标准就总是在后面指责孩子，我们也可以是一个很可爱的妈妈对吗？

下次吃晚餐的时间我们是不是可以对孩子喊："嘿！现在是松鼠宝宝的时间，松鼠妈妈和松鼠的姥姥都准备好了，我们要开始吃松果了！小松鼠来一个吧？！"

晚上睡觉的时间，我们恶作剧地猛关上灯做个鬼脸："嘿！现在是史瑞克的时间！闭上眼睛，让史瑞克爸爸陪你度过这个惊喜的夜晚吧！"

这样孩子会觉得时间非常有意思，心理上更容易接受。

2. 作息规律才能让孩子认识时间

有的妈妈一边评论孩子没有时间概念、晚上睡觉太晚，一边自我检讨：加班太多，回家很晚，好不容易有时候早回家就想玩玩手机、看看视频，这样家庭的孩子没有时间概念是正常的。因为在幼儿时期很难有时间概念，大部分的学龄前儿童没有系统学习时间这个数学概念，二年级学习之后他才会理解这样抽象的事物。

对于一个不会看表的孩子，长辈所表现出的作息规律其实就是他对时间最初的体验。

让孩子有时间概念、规律作息最好的方式就是家长的以身作则。

你需要经常有意识地跟孩子说："现在是上午几点妈妈需要去上班了；回到家跟孩子说现在是下午几点妈妈回家了；晚上几点我们一起睡觉。"让他分清时间段，并明确对应早中晚应该做的事情。这个时间段是一个固定的，只有一个任务。

我曾经有四五年时间频繁地加班，没有时间陪兜兜。晚上很晚回家看到兜兜还没有睡觉很抓狂："几点了？！怎么还不洗刷！你知不知道几点了？明天能起得来吗？"

可是每一个孩子都会像兜兜一样，只是单纯地想："妈妈，我等你回来告诉你，今天老师表扬我了！我得了三个小粘贴！"

我觉得这样非常影响亲子关系也不能给孩子养成良好的作息习惯和时间观念，所以改变了工作和亲子的时间。我下班正常回家，先陪孩子，因为孩子睡觉时间比较早，九点就睡了，那么我用六点到九点的这个时间全心全意陪她，然后等九点孩子睡觉以后我再到书房加班，既不会影响亲子时间，而且也不会影响工作。

李亚鹏曾经在李静《超级访问》中说出自己的育儿经：为了让李嫣不会感觉父亲老是不在家，李亚鹏常常晚上特意回家陪孩子，九点半伪装睡觉，待李嫣睡着后再偷偷换上衣服出门应酬。

李亚鹏忙不忙？应酬多不多？他都能做到，我们也可以给孩子每天一段固定的睡前亲子时间，让孩子安心入睡。

3. 给孩子一个缓冲时间让他接受新任务

应该给孩子合理的缓冲时间，他会顺理成章地接受新的任务。在要求孩子做事情之前，我们事先应该告诉他待会儿要做什么，给他一个缓冲的时间，等规定的时间一到，就果断地督促他去从事下一个活动。

孩子上学之前没有时间概念，妈妈不要直接说："我都给你了几分钟了，你怎么还没做完！"他不知道什么叫五分钟，什么叫十分钟，所以他不觉得紧张。那你不如用计数的方式。比如出门的时候，妈妈不要一遍一遍地催他，不如计数："我们比赛穿衣服吧！数二十个数看谁先穿完！"或者家里买一个小沙漏，沙漏是用简单的流沙的方式计时，告诉他："流沙全部走完，我们就关灯睡觉！"可能孩子更容易理解。

过程中妈妈说话的语气可以温柔，但是立场要坚定，不能孩子一央求就又给十分钟，朝令夕改难以形成习惯。

4. 改变心理时间

（1）孩子有憧憬动力

时间管理还有一个关键词，它不是效率，而是让人心怀着憧憬、向往、期盼，它有一个目标。我们可以让孩子选择一个心爱的目标，当然也要让他做不喜欢但是必须要做的事情，但是一定要让他把有盼望的事情放在后面。比如，你可以告诉孩子："我们做完作业以后，就可以去看电影了。"当孩子有足够想做的这件事情在后面并且是他的目标，他就一定会提高效率。

（2）家长降低心理预期

心理预期是影响心理时间的重要因素。通常，心理预期与时间的实际变化是相反的。比如，家长越希望看到孩子速度快，结果越会感觉孩子速度慢，这就是心理预期干扰了我们正常的判断。所以越急躁的家长，越容易培养出慢性子的孩子，这便是"欲速则不达"的道理。

5. 用时间的置换游戏启发孩子对自然时间的认识

可以跟孩子假设有一个时间的银行，那么孩子做事情很快效率很高的时候，省出来了时间爸爸妈妈就可以给他开一张我们自己画的时间的支票，比如不赖床省出来十分钟，就画一张"20分钟时间支票"——就是时间的钱啊！然后让他拿着这个20分钟时间支票来换阅读时间，换玩 iPad 的时间等，让孩子能够有自己支配的时间，同时也知道时间不能再生，在总数不变的情况下，省出来的才能有，一共就这么多。这样还能让他更理解时间，从交换的过程中也懂得了一些理财意识岂不是一举两得？

时间是每个人生命中最宝贵的财富，但是它既有约束性，又不会像规则、制度一样因为被要求而认识，时间管理的能力只能从看过、经历过的实践中慢慢累积阅历，如果父母一直以过来人的姿态花力气监督孩子，而不是以身作则给孩子示范时间的正确打开方式，没有给孩子自主权引导他思考探索，那么孩子掌握的本领不过是循规蹈矩背诵生命列车时刻表而已。想让孩子过有次序感、有条不紊的生活，不如从思索时间分配管理开始吧！

请不要轻易给孩子一个差评

豪豪妈抱怨说:"昨天我去幼儿园接豪豪带了一袋零食,他撕包装时口开得太大,哗啦撒了满地,袋子里所剩无几!豪豪放声大哭,想再买一包,我把他拖出校园说:'如果你觉得哭可以解决问题的话我就陪你坐在这里直到你不哭为止!'这已经不是第一次了!每次东西掉地上或是坏了一点他就大哭,吵着再重新买,我有时答应有时就把他批评一顿,但是这样我觉得还是不能解决问题啊!"

豪豪不太会掌控撕包装袋的力度,将食物撒了一地,然后又因为心疼号啕大哭意外吗?说实话兜兜在三岁半都不会撕锯齿形状的包装封口呢,想要撕开真的需要力气和技巧,豪豪是小男子汉,在不掌握技巧的时候当然是用大力神掌猛烈撕开啊,这多么正常!

孩子做"错事"时,我们常会怒不可遏,认为孩子自控能力差、判断是非的能力差、惩戒不严造成屡教不改,于是责罚孩子成了天经地义的事。可我们没有想过:一时的意气用事不但不能让孩子明白自己到底"错"在哪里,而且会带给孩子很多错误观念和负面影响。因此当孩子犯错误的时候，我们先不妨静心思考几个问题：

1. 结果和动机，哪个更重要？

今天一早，萌萌说要去买一个新手机，昨晚她的手机洗澡了。

"是掉进洗衣机里了吗？"我问。

"昨晚女儿很开心地跑过来跟我说：'妈妈上班很辛苦，我帮你干活！'说这话的时候，女儿的左手举着正在滴水的手机，右手拿着焕然一新的手机后壳和电池……

'妈妈，我洗得可仔细了！里面也都拆开用牙刷刷干净了！'"

"然后呢？"

"没有然后了啊！"

"你没有当场发飙？"

"为什么？她才四岁，还什么都不懂就知道要帮忙做家务。"

24℃的三月，萌萌的话让我如沐春风。

不仅仅是为可爱的女儿，还有接纳力爆表的萌萌。

孩子往往只从结果的角度来考虑对错或严重程度，而不会从动机去看问题。这是为什么呢？教育心理学家皮亚杰认为：孩子的思维之所以停留在结果的角度，其主要原因是由于他们的母亲经常只是根据物质被损坏的程度来责骂孩子。

昨天上班的途中不经意听到广播里介绍孙俪演唱的《感知成长的神奇》，这是2014年孙俪在诞下第二个宝贝——小花妹妹之后，送给女儿的百日礼物，出乎意料的对话形式歌词，触动我柔软的神经，也促使我反思了自己在兜兜成长过程中走过的弯路。

妈妈：贝比！

宝宝：嗯？

妈妈：为什么画在墙壁？

宝宝：妈咪，不是我想要淘气，这恐龙太大装不进纸里。

妈妈：贝比！

宝宝：嗯？

妈妈：饭饭要放进嘴里。

宝宝：妈咪，手手也要吃东西，要不然小手也会没力气。

曾经，我也是洁癖地只在意兜兜画到了雪白的墙壁上，但是昨晚，转转打碎了我心爱的白瓷碗，我却是那样淡然地随手将瓷片扔进了垃圾桶，继而给转转换来一个耐用的塑料碗，微笑欣赏她用笨拙的小胖手从碗里抓取食物。

开篇故事里的豪豪也没有恶意的动机，只是发生了不愉快的结果不是吗？

当我们只重视事情的结果，而忽视孩子的动机时，我们就无法进入孩子的内心世界，无法体会孩子想把事情做好却失败时的感觉，当然就无法用体贴的心情去安慰孩子。这时，如果再加以严厉的责骂"践踏"孩子的善意，使得孩子的"善意"得不到我们的肯定和理解，久而久之，他就会用负面、消极的眼光去看别人。

2. 个体与群体，看这个年龄段的孩子是否都会如此？

不要对个体进行分析总结，给孩子一条均值线，看看孩子在该年龄段群中所处的位置，进行关联分析，找准差距。

豪豪妈和大多数焦虑的妈妈一样有个通病，拿成人的标准去衡量孩子，自己能很轻松做到做好的事情孩子为什么做不好？

我们不妨全面观察一下身边"别人家的孩子"，其他三岁半的孩子生长发育、运动协调能力达到什么水平？不要以点带面，只看自己孩子的不足，其实绝大部分孩子的精细运动与成年人都存在差距，关联分析一下就会释然。我们的孩子可以达到平均水平，是个健康的孩子我们为什么要大发雷霆批评他？

3. 偶发与持久，是否重复发生同样的错误？

批评教育不应该是静态的或者原地踏步。如果孩子重复同一错误我们应该审视寻找自己的引导失误、偏差，或者期望值。

赫拉克利特说"人不能两次踏入同一条河流"因为思想与行为是发展变化的。可是豪豪妈说孩子经常会弄撒食物，然后总会号啕大哭，豪豪一直没有改变，问题出在哪里？我想是妈妈一直没有找到问题的根源。如果我们不是纠结该骂他一顿还是买一袋新的，先领豪豪共同研究一下手头撕坏的包装袋好吗？

反正包装袋已经撕坏了，不妨拿这个破包装袋做个示范，俩人论证一下包装袋正确的打开方式，让豪豪也将计就计地再练习两遍，力度不过就是熟能生巧的经验，练完再带孩子买袋新的，提前预警："我们像刚才练习一样，轻轻的、斜着撕一下。"

吃完以后，我们也不急于扔掉包装袋，废袋再让孩子继续撕几道练练手，相信不久后，豪豪就成了一个"耐撕"的人。

4. 主动与被动，如何让犯错的孩子接受指导建议？

不小心闯祸的孩子，他的心里一定是忐忑不安的，作为父母，我们别急着责备，孩子被动受惩总不会心甘情愿，甚至因不服气而拒不认错，我们不妨体谅地对孩子说："我知道你也不希望结果这么糟，你不是恶意的！"对孩子积极的心理暗示与肯定是必需且有效的，宽容的态度将引导孩子朝正面、积极的方面发展，驱使孩子主动承认错误、改进缺点不足。

鲍勃·胡佛是世界知名的试飞员，飞行表演中总少不了他的身影。然而，据《飞行操作》(Flight Operations)杂志记载，在某次飞行表演后，胡佛照常从圣地亚哥飞回洛杉矶，不料在三百英尺的高空，两个发动机刹那间同时停止运转。胡佛急中生智，凭借高超的技巧成功迫降。虽然万幸无人伤亡，他驾驶的飞机却因这起事故而彻底报废。

胡佛一落地，就立即去查看飞机的燃料——正如他所料，这架"二战"时期的螺旋桨飞机本应使用汽油，却误加了喷气式发动机的燃料。

回到机场，胡佛立刻找来负责加油的机修工。那位年轻的机修工正为铸成大错而害怕得瑟瑟发抖，一见到胡佛，就流下痛悔的眼泪。他的失误不仅摧毁了一架造价高昂的飞机，还险些夺去三个人的性命。

胡佛有多愤怒可想而知。机修工本以为这位功勋卓著、处事严谨的飞行员会把他骂得狗血淋头，然而出人意料的，胡佛并未责怪他，甚至连一句重话都没有说。胡佛揽过机修工的肩膀，对他说："我相信你再也不会这么做了，你明天来为我那架 F-51 服务吧。"

我们发现问题的目的是什么？是解决问题。相较于愤怒时火冒三丈的责备，宽容地接纳孩子的错误更有利于长远的发展。

5. 规矩与爱，需要持之以恒的标准

对待孩子同样的错误，家庭中各成员应当统一一个标准。这标准绝对不能是：看心情！

豪豪的行为一直没有改善还有一个原因，妈妈有时看着豪豪哭得可怜就再给孩子买一袋，有时气恼孩子屡教不改就批评责罚，没有统一的衡量标准造成孩子认知的混乱。

我们应当用自己的言行来告诉孩子——做错事要改，而不是哭。也许你犯错误是缺乏某项技能，没关系，爸爸妈妈教你；也许你是动机不良的恶作剧，请体谅他人的感受，并接受相应的惩罚……无论如何，我们一起面对问题、解决问题，而不是哭。

PS：上周我给兜兜买的古筝罩昨天收到了，画风完全不对啊！布料粗糙也就罢了，拆开包装袋还散发出巨大化学药水气味！十几年的买家第一次忍不住给了一个差评！

不想十几分钟后卖家就殷勤地打电话来处理，希望我修改评价，给我 15 元补偿，并且无条件退换，邮费他们也可以接受到付等。

我很意外地问同事：那每天打差评的话，我是不是可以赚很多？

同事说，你知道你一个差评会给卖家带来多大的影响吗？全好评时他信誉高，一搜索商品名称它会在首页显示，一个差评就可以把他拖后两三个页面，你买东西有多少时候是在第四个页面买呢？这对销量有巨大的影响，商家对差评恨之入骨啊！即便是表面对你毕恭毕敬，背地里少不了恶毒的诅咒。

是啊，面对任何人的错误，不管是显而易见的而或微不足道的，我们都不要轻易给一个差评。

对网购，我们都可以平心静气地与售后沟通退换货；对孩子，我们怎么能不问来龙去脉就一个差评否定了他的努力？

离婚了，也要给孩子完整的爱

虽然有一句话是：最好的爱就是爸爸爱妈妈，但是随着工作压力的增大，社会诱惑的增多，夫妻之间的矛盾越发凸显，如果有一天，爸爸不爱妈妈了，孩子就没有最好的爱了吗？

前段时间，兜兜的同学 Cici 意外滑倒造成前臂骨折。本是一起普通的安全责任事故，不想昨天兜兜忽然跟我说，通过这件事她发现了一个惊天秘密：Cici 的父母离婚了！

我直觉地同情"弱者"，感叹道："啊！Cici 真可怜……你看爸爸妈妈相爱，给你一个完整的家多幸福啊！"

兜兜摆摆手："幸福！我很珍惜！但是这次我不是表达这个意思啊！Cici 摔断胳膊是两个妈妈来学校接她，两个人每天一起照顾她、带她去医院治疗！因为两个爸爸都在外地工作啊。她的爸爸妈妈虽然不相爱了，离婚了，又各自结婚，但是 Cici 说她特别幸福！因为这样她有了两个爱她的爸爸和妈妈！有四个人爱她！"

从孩子的话里我们能感受到她阳光的心态，对现有生活状态的满意，孩子的言行就是父母付出的回馈。离婚虽然是一项很无奈的选择，但是我们不应该将夫妻的矛盾转嫁给孩子，让孩子去承担痛苦的结果。我们仍旧可以，不，是必须对孩子付出健全家庭所能给予的爱与责任不是吗？

离异后从来不在孩子面前讲他父亲半点"不好"，不能让孩子在心里困惑父亲的为人。如果说从前父亲在他心目中是榜样，是权威，是偶像，那么就让他一直相信这一点。有这样一句话：当你向离异对方"射箭"的时候，这些"箭"要首先射穿孩子的身体才会达到离异对方的那边。

离异父母最愚蠢的做法就是要把孩子据为己有，让他跟自己一起恨另一个人。记得宋丹丹在离婚后接受采访时曾经说起这样一件小事，她不仅没有对孩子说一句前夫的坏话，还把儿子和前夫的合影摆在家中显眼的地方。她说："孩子的爱不是一盆水，倒给了爸爸，妈妈便没有了。它更像一口井，如果你教会他如何去爱，在他漫长一生中是受用不尽的。"一个心里被灌输了"恨"的孩子，属于他的那口井就干涸了，他不爱父亲，同样不会爱母亲，他很自私，只爱自己。

离婚了也要一如既往地爱孩子，让孩子始终如一地爱亲生父母，绝对不应该让他的心中装满对另一方的仇恨，这是宋丹丹和 Cici 父母最成功的教育。

可能有的父母会说，我们为了孩子有个完整的家不离婚，再打再闹再不适合，为了孩子也忍气吞声了。可是父母感情不和、家庭中存在激烈的争执，甚至看似最"温柔"的夫妻冷战孩子都会感受到，并不是只有离婚才会产生负能量，各种家庭氛围都会对孩子产生影响，例如孩子的睡眠质量、情绪问题。最影响孩子心理健康的并不是母亲一个人能够给予孩子的家教，而是整个家庭的家风。

所以，父母一定要适度控制自己的情绪，不要因夫妻矛盾影响亲子关系。

1. 不要把与另一半争吵时产生的情绪迁移到孩子身上

婚姻不是童话，当诸如孩子、事业以及日常生活中的波澜激荡着我们的情绪时，夫妻间的意见不合在所难免，而当这种意见不合以极端的形式被宣泄出来时，切忌把孩子当作出气筒来发泄愤怒。

前一段时间网上有惊人的视频：一对小夫妻因为一岁左右的孩子生病心烦意乱，在医院里就开始推卸责任、大肆争吵，最后爸爸竟然气急败坏地将儿子举起来猛砸向地面，造成孩子当场死亡。

除了这些极端的宣泄，夫妻怄气冷战时孩子也有可能被株连而遭到冷遇，得不到应有的关心和爱护，母爱或父爱缺乏，使孩子产生孤独、失落之感。想一想，我们有没有在吵架后把战战兢兢过来安慰自己的孩子推到一边怒吼一句："别在这里烦我！"

2. 尽量避免在孩子面前争吵，了解孩子的感受，及时安抚、化解孩子的情绪

婚姻中也不可避免地存在争执，难道我们应该把孩子完全排除在外吗？其实孩子并不需要一直生活在父母刻意营造出的"真空"当中，冲突是人类互动的自然组成部分。当然在一个家庭中是可以存在不一致的观点，但是父母们尽量不在孩子面前有激烈的冲突。

对于父母的争吵，开始孩子会感到恐惧，进而是不知所措。因为孩子尚小，面对两个最亲密、最信任的家人他不知道如何判断是非，亦没有能力调和，这会给孩子幼小的心灵蒙上阴云。

家长的矛盾不要给孩子太多负担，跟孩子说清楚："这是爸爸妈妈自己的问题，就像你跟小朋友会抢玩具、会吵架一样，大人也有大人的问题，我们可以自己解决，你不要担心。"这时一定要让孩子感受到父母的爱，告诉孩子无论发生什么情况，爸爸妈妈永远是最爱他的。

3. 不逃避问题、转移矛盾，夫妻关系出问题应及时找出症结所在，用心经营未来的生活

夫妻之爱不能得，便转移为母子之爱是很多女人都会犯的错误。很多女人在离异后并没有及时反思夫妻关系的问题、矛盾，亦没有从根本上思量自己需

要做什么改进，反而将无处挥洒的、全部的爱都扑在孩子身上，对孩子无微不至逐渐失去自我是一种病态，孩子永远不是家庭的全部，父母要懂得放手。离异家庭中的每一个成员都不应该否定自己与他人，直面问题、迅速治愈症结、开启全新的生活才是最理智、得体的处理方式。

4. 孩子是婚姻的纽带，却不是要挟对方的筹码

Cici 的妈妈离异后并没有自暴自弃，而是在呵护好 Cici 的同时积极发展自己的事业与爱情，她没有设法用孩子拴住男人，更没有自怜自卑地委曲求全、自甘堕落。她为了让 Cici 心中无恨，装满爱，就让 Cici 帮她决定再婚的对象，条件是要爱她也爱 Cici 的。她促成了 Cici 跟继父之间的亲密感情。难能可贵的是，在她家一个摆放生活照的中式柜子上，她还特意摆上 Cici 和亲生父亲的合影，使 Cici 明白血缘是不能忘记的。Cici 没有背负父母之间的恩怨，而是成为再婚家庭中的情感大使，始终明亮、快乐、幽默。

5. 不能因为孩子缺少父（母）爱，就溺爱得无原则，该立的规矩还是要坚定树立并执行

Cici 的父母都再婚组成了两个新家庭，但是为了 Cici 两个家庭都没有选择再生育其他子女，也就是说 Cici 成了两个家庭的中心，让我非常诧异的是 Cici 并没有因为四个父母的宠溺滋生目无尊长，任性骄纵的公主病，而是一如既往地大方得体。

接孩子的时候见过 Cici 的外公外婆、两个妈妈，逐渐看到他们对于孩子教育的一致性，放学路上不随意买路边摊零食、孩子自己拖着行李箱等。

我相信规矩不是对孩子的制约，却是一个人的方圆，孩子能够走多远不是取决于你给他的自由，而是得益于方圆之间的德行。

清朝末年著名大盗陈阿尖，从小鸡鸣狗盗。他偷了东西母亲不但不批评他，反而夸儿子聪明。最终陈阿尖被判死刑，临死之前他要求再吃母亲一口奶，结

果他一口咬掉妈妈的乳头，鲜血淋漓。对母亲说："如果我小时候小偷小摸你能够及时制止，我何至于命丧于此？"

　　没有一个家庭是完美的，真诚地解决掉每一次冲突也并非听起来那么容易，头头是道地说家教，不如给孩子营造一个祥和的家风来得长久。

第三章
对 妈 妈

坎特法则：好妈妈不是照妖镜

上午我在开会，QQ 弹出老师的头像："兜兜上课看着窗外不专心听讲，晚上回去好好教育一下！"

这时你会有什么反应？

A. 对老师深表歉意，对孩子的行为颇为气愤。

B. 对老师深表感激，保证回家严厉批评教育。

C. 感觉小题大做，阳奉阴违地应承着老师，回家就忘。

D. 让老师该打就打该骂就骂，全权代理，你继续忙工作。

E. ……

对于孩子的行为我不意外，亦不气愤，相对于批评警告我的态度可能让老师难以接受："您可以问一下兜兜，从窗外看到了什么？然后让她写一篇日记交到你办公室去。"

我想这样既能够保存孩子的纯真，又可以有一个惩戒。

晚上我好奇地问兜兜："今天早晨你从窗外看到了什么？"——我刻意回

避"上课"两个字，希望孩子不会因为害怕受罚而有所隐瞒。

这一问天真无邪的兜兜果然打开了话匣子："因为昨天晚上下雨了，所以今天早晨第一节课我就在想会不会有雨过天晴的彩虹？书上都说雨过就会天晴，天晴就会出彩虹！我觉得书上画的很漂亮所以很想看一下彩虹！"

"那你看到了吗？"

"没有，雨过了可是天没晴，更别提彩虹了！"兜兜有些失望地蹙起眉头，"妈妈，为什么下雨之后并不是每次都会出现彩虹？"

说这话的时候，小家伙懵懂的眼睛闪烁着渴望的光芒。

"彩虹是由于阳光射到空气的水滴里，发生光的反射和折射造成的，没有阳光所以看不到彩虹了，你觉得对不对？"

"嗯，应该是！"

"不过也没有关系，我看到远处的群山被雾霾遮住了，若隐若现的很好看！我还看到山是青色的，因为山上有很多茂密的松树；校园里操场湿漉漉的，很多小麻雀落在地上的砖缝找水喝……"

"太美妙了宝贝！你观察得仔细，记忆得清晰，描述得也很有条理！妈妈好像看到了小麻雀在操场上跳来跳去的样子呢！咱们回家赶紧把它记录下来好吗？"

"当然可以！"

"不过有一点儿需要改进的小问题：你是上课时间看的窗外对吗？以后咱们下课再看好不好？你想想，上课走神儿老师讲的内容咱就没看到，那老师辛辛苦苦备课、讲课是不是白费力气了？她得多失望多生气啊？"我抱起兜兜，兜兜趴在妈妈肩头静静地听着。

"老师批评我了……"兜兜惭愧地嘟着小嘴。

"说明老师很关心你，替你着急对不对？如果不爱你，他就不管你了，你愿意看哪里就看哪里，不学就不学，反正他讲完课就走了，你不会跟他有关系对不对？"

"嗯，老师对我很好，今天我恶心没有吃上早饭，老师还给我两个小面包，让我饿了吃呢……"

这一段简单的对话不仅仅是教育孩子的过程，还掺杂着家庭与学校教育理念的碰撞与协作、孩子与成人思想意识形态的差异与融合、师生关系的处理与引导、亲子关系的沟通与发展……盘根错节的关系中如何让每一方都满意？不得不说一下坎特法则：尊重是人性化管理的必然要求，是回报率最高的感情投资，而且尊重他人本身就是获得尊重的一种重要途径。

人与人之间融合度是相互的，不能批判老师而让孩子厌学，也不能武断地给孩子开药方；要维护老师的师恩、权威让孩子接受成长的必经过程，又要尊重孩子的天性、维护孩子的自信与尊严，让孩子心服口服改正缺点。

1. 不当照妖镜，不把孩子的缺点妖魔化：了解孩子的思想与感受

为什么我们眼中非要看到孩子的缺点、错误，而不回想一下自己也曾经那样稚气地对世界充满好奇？好妈妈不是照妖镜，不需要把一切表象都揭露得入木三分，给孩子上纲上线，透彻地把一般问题、非原则问题，也当作原则问题看待、处理，把孩子的缺点扩大化，想象得特别严重。其实一切都很简单，只是孩子的天性还没有受到礼教的束缚而已。

四岁时，幼儿园老师说：午睡时，其他人都睡着了，兜兜还在到处看，等大家都起床了，她却躺在被子里嚼着口香糖坏笑着跟老师讨价还价赖床不起……

安静的午休时间，她又从被子的缝隙"偷窥"到了什么有趣的事情？

兜兜说："因为我想看看大家睡着了是什么样子啊。"

我问："那你看到了吗？"

兜兜非常骄傲地说："看到了！"

兜兜表达时那种急切的语速、炫耀的神情，好像是对妈妈的好奇心期待已久了，也许这些话在她心里已经发酵，却始终没有人给她挥发的空间。

"你看着我啊妈妈,你看王小田睡着时是这样的!"说着摆了一个侧卧的姿势,双手垫在胖胖的粉嫩的脸蛋下边。

"刘泽志是这样睡的!"说着换成一个大字形,"还有王晴漪……"

我问兜兜为什么不能像其他女孩子一样乖乖地遵守秩序、听从安排、服从教导。可是兜兜不满地回答:"你为什么总是和其他的妈妈一样!你就没有一点儿自己的想法吗!"

不得不承认兜兜说得很有道理,每个人都有个性,我不能总是和别的妈妈一样,我应该有自己的想法。因为我的孩子有自己的想法,她很有主见,而我又不想扼杀她的个性,所以不违背原则的情况下,我选择支持她。

兜兜现在的一切在外人看来是淘气、可笑的小插曲,但是于我而言却是成长中不可或缺的经历,并不需要贴上不专注的标签。

2. 不当显微镜,不放大孩子的缺点:批评只对事不对人

怒火中烧的父母最容易犯的错误就是不分青红皂白、劈头盖脸对孩子进行怒骂,孩子不服气,家长不解气对问题解决毫无进益。不要一听到孩子犯错误就失去理智,诚挚的沟通可以及时纠正孩子的不良习惯或行为,同时又不会使孩子因为指责而产生挫败感。

"我只是想看一下有没有雨过天晴的彩虹"这句话唤回我温暖柔情的回忆:八九岁时,我曾经为了看彩虹和三四个男生用塑料袋装满水,从三楼的教室向外倒,结果泼了班主任一身被罚面壁思过,我们一直没有明白自己最大的错误是方式方法错了,不知道这样不可能创造彩虹,只是单纯记住了受惩戒的原因是淋湿了老师……

批评时就事论事,使孩子持续受到尊重才可能建立和谐的亲子关系、互相促进的伙伴关系,才能使孩子信服地遵从规则。

尊重孩子是人性化管理的必然要求,只有孩子的平等身份受到了尊重,他们才会真正感到被重视,被激励,做事情才会真正发自内心,才愿意和父母、

老师打成一片，站到我们的立场，主动与我们沟通想法、探讨学习，完成我们交办的任务，心甘情愿为家庭、班集体的荣誉付出。

3. 不当防护镜，无原则地护犊子不可取：让孩子了解别人的感受，尊重他人的意见，学会感恩

维护孩子的天性与自尊心，不是包庇孩子的缺点错误，把一切批评都阻隔在外"护犊子"反而会害了孩子。

听完兜兜的解释，我也对兜兜上课走神的问题提出自己的一点看法："老师辛辛苦苦备课、讲课，你应该尊重他们的劳动，即便学习比游戏枯燥，你也没有理由去挑剔，就好像你拖了地，即便不那么干净，妈妈也一样欣赏、赞扬你，因为你付出了辛苦的劳动。我们赞赏的不是劳动的结果好坏，而是付出劳动的过程，对不对？兜兜，你知道吗，昨天杨老师电脑死机，刚刚写的教案没有保存下来全部丢失，不得不一字一句重新输入一遍，你应该感恩老师的付出对吗？"

兜兜赞同的点头。

4. 不当反光镜，遇到问题不能简单地条件反射，让孩子形成自己的检测甄别系统

孩子做事情之前打预防针、提警告，犯了错误就呵斥打骂是大部分妈妈惩戒孩子的方式，如果我也是简单地等兜兜放学大骂一顿："上课为什么不听讲？！老师又找我，你真是丢脸！"效果会怎样？兜兜会不服气地抗争，我会因为孩子不听从管教火冒三丈，擦枪走火之后兜兜仇恨告状的语文老师，以后破罐子破摔继续跟老师作对……

所以，我们不需要机警的条件反射，亦无须时刻对孩子灌输标准化规章。不用害怕孩子自己管理不好自己，对孩子的自我管理水平抱有信心，对他们进行管理能力指导和人际关系的引导，帮助他们树立信心，帮助他们正确认识和

评估自己、理解和尊重他人，帮助他们有效规划自己的学习、安排自己的时间，他们就会自觉自愿地克服自己的弱点，饶有兴致地迎难而上。

中国式家庭教育最可怕的敌人一个是"别人"，另一个就是"过来人"。谁的妈妈没有说过这句话："我吃的盐比你吃的饭都多，我还能害你？我是你亲妈啊！"事后再补上一句："我早就跟你说过这样做不行！你这孩子怎么不听呢！？"

然后吓大的孩子们小心翼翼地跟在妈妈身后，按照妈妈指的路按部就班成长。每个孩子都逐渐变成别人的复印件，而不是原创的自己。为什么一定要"龙生龙凤生凤老鼠生儿会打洞？"

四岁时兜兜想在家里用喷桶喷水，我只说一句："好吧！喷完自己拖干净水！把东西恢复原样就行。"

兜兜知道电器怕水。很自然地就选择在洗漱间和厕所接了一盆水尽兴地喷射。喷完自己拿拖布尽可能地拖干，再拧干了拖布搭在阳台晾晒上；最后自己从衣橱翻出一条新裙子换下那套被打湿的衣裤……

我没有叨叨玩水会弄坏家电、会把家里弄脏、会把自己淋湿……压抑她企盼的情绪总不如大禹治水的顺势利导对吗？

宝贝儿，妈妈不是照妖镜、不是显微镜、不是反光镜，也不是防护镜……因为我希望你在镜子里看到的是自己自信的样子，而不是我的映像。

做个能 Hold 住场的妈妈，才能避免尴尬场面

一次家庭聚会，兜兜和丫丫两姐妹许久不见，画画、躲猫猫玩得起劲，还没折腾够半小时就过去了，全部人员到齐并起菜落座，两个小家伙废寝忘食不愿坐下。

丫丫妈自顾自地坐下吃饭并一遍一遍催促："丫丫，先过来吃饭吧？再不吃大家就吃完了。吃完你再画多好呢？"

太客气倒成了央求，丫丫哼哼唧唧地拒绝，态度却是理直气壮，半晌不肯放下纸笔。

我没有用任何可商榷的语气，果断宣布："兜兜过来坐在妈妈旁边，现在是吃饭时间。"语气不容置疑，兜兜迅速过来坐下吃起来。

失去玩伴儿的丫丫不仅没跟过来反而在客厅抹起眼泪，爷爷奶奶开始各种哄、诱惑、商量、讨好似的语气不仅未能收效眼泪，反而愈发地加重丫丫的情绪，旷日持久的对峙表演持续十几分钟。

问题出在哪里？

一个团队必须有一个 Hold 住场的灵魂人物。

得出这样深刻的结论还是要拜某次甘肃之行所赐：

继 9 月 14 日甘肃公司没有订客房让我们等五个小时之后，第二天又发生了几件事情，我不得不对团队话题写一个续集。

1. 9 月 14 日晚餐时甘肃公司通知说：因为总部领导没到，9 月 15 日周一出去活动，早晨他带我们吃拉面，然后看看黄河母亲、水车博物馆。

2. 9 月 15 日早晨 9：00 甘肃公司主办人发个微信说他等会儿到，就不陪着吃早饭了。我下楼发现房费不含早餐费，只能自己出去吃。

3. 将近 9：30 我们参会人员 AA 制吃完早餐，甘肃公司再通知说一会儿 10：00 集合带我们去甘肃省博物馆。可是我周六就百度过了甘肃省博物馆周一闭馆，他竟然说带我们去博物馆？！

4. 上午 10：30 我们站在大厅等半小时没有任何通知。等不及打电话过去找主办方，他第四次改口说："忙，上午去不了了，你们附近自由活动一下，我下午再去带你们！"

5. 不能把时间都浪费在酒店房间，于是我召集一面之缘的四位兄弟开了一个临时会议，商定我们步行一小时到黄河母亲雕塑，AA 制坐了羊皮筏子。午餐我们又每人点了一个菜，就这样混混沌沌过了半天。再次打电话问主办方，下午几点集合？他第五次改口："下午还有个会两点要开，晚一点过去哦，你们上午也很辛苦，下午在房间睡个午觉休息一下吧！"

6. 下午四点我们相继睡醒，百无聊赖只好几个大男人陪我逛了逛附近商城。六点还不见有接待，我们又自己吃了晚餐，至此甘肃公司爽约六次。

我们可以自由活动，甚至可以包个车五个人自驾游，但是甘肃省作为主办方——团队的意见领袖，他们的工作作风懒怠松散、朝令夕改，着实让人无法接受。

同项目、同级别会议去年是我主办，办会至少要提前一天去核实会议室、客房、餐饮、车辆，制订明确的行程计划第一时间通知参会者，并挤出足够的时间引导陪同。因为：一个团队不仅需要全体成员的协作融合，还需要一个Hold住场的灵魂人物作为意见领袖，为整个团队的规划把握方向，为过程做进度调控。

没有团队成员的协作不能凝聚形成合力；相反，没有一个意见领袖掌控节奏方向，团队很容易像无头苍蝇陷入混乱。各执一词或相互推诿变得那么没规矩。

家庭亦是一个团队，必须有一个Hold住场的长辈充当意见领袖，做好规划、掌控全局节奏。我想对丫丫爷爷、奶奶、妈妈说一句话：爱无条件，但是必须有原则！

闹剧后的第二天兜兜邀请丫丫去她的姥姥家吃晚餐，我自己带着两个孩子在小区荡秋千、滑滑梯玩儿得不亦乐乎，你以为场面会难以控制吗？可是豆姥姥、姥爷做好饭，我只说了一句："回家吃饭了！"毋庸置疑，两个孩子都乖乖地跟我回了家。

为什么团队的成员一样是兜兜和丫丫，但是两天时间执行力却天壤之别？

1. 领导者位置缺失

团队缺乏领导者，或者领导者缺乏领导力。我的甘肃经历属于团队领导者缺乏领导力，而小丫丫的绝食事件属于家庭教育中缺乏意见领袖。

丫丫哭了大家就都慌了手脚，该怎么管？谁去管？没有人可以Hold住场，爷爷说："随她吧，不愿吃是不饿，等她什么时候饿了再让奶奶做给她吃。"

丫丫哭了十分钟之后我走过去对丫丫说："你知道为什么兜兜可以乖乖过去吃饭吗？"

丫丫摇头。

"因为现在不吃饭就没有饭了，必须等到晚上六点全家再一起吃晚饭。"

"我可以吃零食！"丫丫显然是有备无患的。

"中间没有任何零食饮料，按计划下午我会带你们去外边玩儿健身器，要做很多运动，不吃饭你可能会没有力气。"

"我不去了!"

"计划不能变,只有你自己没有吃饭,我们其他人都准备好了,不能因为你自己取消计划;况且你不吃饭不是因为我们没有给你做饭,是你自己的责任对吗?"

这样不出两分钟,丫丫也小绵羊似的跟我坐到餐桌前。

意见领袖缺失会让团队成员无法预知事件的走势、无法推测可导致的结果,需要让成员明了、接受这个显而易见的预景,才会有执行力。

2. 领导者意见不统一

爷爷、奶奶、妈妈和我意见完全不统一,使得孩子有了可乘之机,钻了空子。她完全有理由认为谁的意见与她"想要的结果"一致就听谁的。

3. 无原则的宽容致使成员无责任感

孩子每次哭闹都会得到大人的宽容,长辈无原则的爱使得孩子对事件本身的正误性缺乏判断,对自己的社会角色缺乏责任感。更多的时候责任感被孩子极力追求的目的性所侵占。

1882年法国心理学家林格曼做了一个"拔河"实验:当拔河的人数逐渐增加时,每个人所用的力量反而越来越少,并没达到力量累加的效果。团队合作时比每个人单打独斗时力量削弱1/4。产生这种现象,其实就是一个责任感的问题。当一个人在拔河时,他没有旁人可依赖,必定是竭尽全力的。当人数逐渐增加时,人的心理就发生变化:如果有别人在偷懒,自己偷点懒也就未尝不可,因为责任由大家共同分担;如果没有人偷懒,那这么多人在努力,自己稍稍松懈一点又有什么关系,反正不会影响到全局。这一现象称作"林格曼效应",也叫"社会性逃逸"。就像一群人围观需要某个帮助的人,却很少人真正伸出援手一样。这是因为人一多,责任感就分散了,不由自主地产生"这么多人在,即使我不帮忙,也会有别人帮忙"的想法。

因此,在一个团队中必须有一个具备控制力的意见领袖,在一个家庭中必须有一个Hold住场的长辈把持方向,将各成员任务细化,设定清晰的团队目标与个人目标，每人明确自己的责任义务，避免因"林格曼效应"出现 1+1 < 2 的现象。

用七年讲明一个故事的妈妈

一、两岁时

第一次给兜兜讲《丑小鸭》：一只天鹅蛋被鸭妈妈孵化后因相貌怪异，在鸭群中备受欺凌鄙弃，历经千辛万苦、重重磨难之后长成了白天鹅。听到丑小鸭备受嘲弄与歧视以致无家可归，兜兜的眼泪忍不住地涌出眼眶，无以言表地难过；当丑小鸭最终蜕变成美丽的天鹅，兜兜深深记住了妈妈讲的道理：在逆境中要坚持不懈地勇往直前，决不退缩、不放弃。

二、七岁时

兜兜二年级的课本有了这篇课文，兜兜很认真地举着课本提出这样的质疑：

"妈妈，我觉得丑小鸭那个故事讲得不对！它是天鹅根本就不用逃跑，在哪里都会长出翅膀变成天鹅！只要变成天鹅别人就不欺负它了对不对？！如果它只是一只鸭子，跑出去也没用，还容易被狼吃了！关键重点是：它本来就是一只天鹅！"

一时间，我竟对兜兜的质疑瞠目结舌、无言以对。

兜爸爸说："这个故事为了说明'是金子总会发光'的，只要你足够好，没有什么可以埋没你的才能，你应该坚定自信，梦想总会实现。"

三、上个周末，Wiwi给八岁的兜兜寄来最新版的《安徒生童话》，第三次，我们端坐桌前，细细品味《丑小鸭》。

"它是一只天鹅，在哪里都会长出翅膀！为什么还要跑出去？"兜兜七岁时的质疑再一次回旋在我耳畔，我承认，这一年时间我仍旧没有想出一个合适的答案。

恰在我和兜兜读书的这个时间——兜爸爸在厨房准备午餐的食材，阵阵鱼腥味透过厨房紧闭的房门、穿过餐厅、飘进客厅，"这个气味太恶心了！我快吐了，快扔出去吧！"兜兜一阵剧烈咳嗽。

我迅速套上大衣，提着鱼内脏出去，奇怪的是：一走出家门，立刻就闻不到一丝腥臭，哪怕这一袋垃圾就在我手中，距离我的鼻子不足三尺。在家里——一个密封的小环境中，五米开外都可以闻到的污浊之气，在空旷的室外近在咫尺却截然相反，为什么呢？

仰头看着清澈的蓝天，深吸一口清冽的空气，我瞬间顿悟了。我联想起一个寓言故事，迅速跑回家讲给兜兜：

一个鹰蛋从巢里滚落出来，掉到正要孵化的鸡蛋里。在母鸡细心呵护下，不多久一只漂亮的鹰就和鸡宝宝一起破壳而出，鸡妈妈和其他兄弟姐们都对小鹰非常友善，一家人其乐融融，小鹰也毫不怀疑自己和其他兄弟一样是一只鸡。

有一天，它们玩耍的时候，抬头看见有一群矫健的鹰在天空翱翔。小鹰叹道："我多么希望能像它们一样在天空翱翔！"鸡们哄堂大笑说："你不可能像鹰一样飞，你是一只鸡，而鸡是飞不高的。"鹰继续看着天上飞翔的真正的同类，梦想着自己能和它们一同飞翔。后来，每次当它说想要飞的时候，都被告知不可能。鹰也逐渐接受这一"现实"，相信自己飞不起来。

一段时间后，鹰不再梦想去飞，平静地继续它作为一只鸡的生活。最后，鹰度过一生，作为一只鸡死去。

这是一个与《丑小鸭》类似的故事，却有了不同的结局。

这一次，我想告诉兜兜：人的发展、事物的进展主要是内部原因、自身原因起决定作用，这不假，但是外因环境的作用不容忽视。

一袋垃圾放在家里令人作呕，但是在空旷的室外几乎闻不到异味，是垃圾本身变了吗？没有，变化的只是环境。

试想，如果丑小鸭也如小鹰一样有一群爱他的兄弟姐们，每天带着他循规蹈矩地游泳、捉鱼、回家三点一线生活，他一辈子都不会知道自己是一只可以翱翔的天鹅，他只会觉得自己是颜色不一样的鸭子，我不相信"龙生龙凤生凤，老鼠生儿会打洞"这仅是因为强大的遗传基因，就如同历史上比比皆是的"狼孩"，没有适宜的环境，花不会开、虫不会鸣，道理仅此而已。

正是因为丑小鸭勇敢地走出去、阅历大千世界，认识了天鹅，才发掘出自己的真正身份与潜能。所以，我觉得丑小鸭有必要走出去！他必须走出去！哪怕他本质是一只天鹅——长大后在鸭窝也不会受其辱，但是他只有走出去才会成长为一只真正的天鹅。

七年时间，我们把一个故事读出三味，把家庭教育也细分成三个阶段。

1. 遵从本质：正确看待孩子的成长

每一个孩子都是唯一的，他们有鲜明的个性，有自身潜在的各种能力，在他们成长的过程中孩子表现出极为明显的个体差异，这些都是很正常的本质表现，也是天鹅与鸭子，鹰与鸡无法逆转的差异。父母要了解自己孩子的本质与潜能，给他们提供适宜的教育，才能让成长与发展更加顺畅，不要盲目攀比，切忌用一把尺子衡量所有的孩子，相信每个孩子都有自己的不足，同时具备无可比拟的过人之处。

2. 注重方法：理性指引孩子的未来

爱尔维修曾说："即使是普通的孩子，只要得法，也会成为不平凡的人。"

作为家长对孩子的管教要有正确的方法，不能一味地放纵，也不能一味地严厉。就像我们种庄稼，不能不浇水，但水浇多了，庄稼会溺死，肥施多了，庄稼会烧死。教育就是要把握好尺度。孩子的成长是谁也代替不了的，家长不应越俎代庖，更不能过高苛求孩子尽善尽美，应该相信孩子可以选择自己未来发展的道路，尊重他们的兴趣、选择与发展，并适时给予理性引导。

3. 创设环境：以身作则给孩子铺设持续发展的阶梯

孩子的成长，离不开家长的尽心抚育、老师的谆谆教诲，家长、老师的言传身教会给孩子耳濡目染、潜移默化的力量，托尔斯泰有句名言："全部教育，或者说千分之九百九十九的教育都归结到榜样上，归结到父母自己的端正和完善上。"所以我们的父母要做好孩子的榜样，不以善小而不为，不以恶小而为之。

为了给孩子适宜的家庭环境、学校环境、社会环境，我们每一片可能会影响到孩子的"绿叶"都应审视自己的言行，净化孩子的成长环境，为孩子铺设绿色环保的可持续发展"森林"；同时洞察了解孩子的性格特点，掌握孩子的发展规律，为他们提供健康适宜的阳光、雨露、温度、土壤。

（1）人际环境——民主平等、信任理解、和睦协作。

（2）学习环境——整洁、勤勉、躬行、内容丰富、劳逸结合。

（3）精神环境——稳定规律、独立自制、乐观坚韧。

4. 免疫力培养：提高孩子辨别是非的能力

同样聪颖活泼的孩子在不一样的环境发展迥异，但是在同样环境中，不同的人也会闪现不同的性格与前景。不否认外因是变化的条件，但内因却是变化的根据，决定着事物发展的方向。

孩子年龄小，知识水平有限、道德观念尚未形成、是非判断标准也很模糊，他们模仿性强、自制力差，主要是按照自己的喜好、领袖意见以及从众的心理来判断是非。这就需要我们持续灌输正确的人生观，引导孩子在平常的生活和学习中积累、思考和辨析，并保留持之以恒的精神，让孩子懂得取舍，提高孩子明辨是非的能力，敢于表达并且坚持自己的意见，提高孩子自身的免疫力。

记得克雷洛夫说过："现实是此岸，理想是彼岸，中间隔着湍急的河流，行动则是架在川上的桥梁。"那么，影响孩子成长的亦不会是孤立的内因。让孩子保有理想地付诸行动，尽快适应环境，将外因和内因有机交融，定会成就一段从量变到质变的成长。

乐观平和是最好的胎教

　　——请记住你是一个妈妈,但请忽视你是一个孕妇

　　这个题目矛盾吗?其实并不矛盾。

　　孕早期,你不再是一个少女,你需要改变饮食、作息,为了一个崭新的职务:妈妈。从此你不再是一个人,不再是爸爸妈妈面前娇滴滴的小女儿,你成了世界上最伟大坚强的角色。

　　但是我又希望你忽视孕妇这个称谓,不要因为这个身份变得懒惰邋遢不修边幅——穿着拖沓的孕妇裙、蓬头垢面地来回逛荡;不要泼皮耍赖蛮不讲理地对着全家老小颐指气使,说这是孕妇的特权;不要心惊胆战地为很久以后疼痛的生产过程忧心忡忡……享受这个过程,像往常一样做个整洁漂亮、温婉得体、幸福满溢的女人好吗?

　　孕早期,你的体貌不会有明显的变化,但是生理和心理都在变,你问我:怎样在家庭和工作中找到平衡?我想家庭和工作就像跷跷板的两端,支点只能是你自己,不甘心做全职妈妈,就注定一生都在摸索天平两端细微的力道。说

是在平衡家庭与工作两件事物，倒不如说是在平衡我们自己的心态，因为不平衡的本就是自己的心。易经所谓"物物一太极"，我想应该是阴阳相合、得失相依存的意思吧，正如身处跷跷板上的你我。

忽然想起这个故事：

一位年轻和尚，一心求道，希望有日成佛。但是，多年苦修参禅，进益仍逊。他打听到深山中有一破旧古寺，住持是得道高僧，于是，跋山涉水来求道。

年轻和尚：请问得道之前，您每日做什么？

老和尚：砍柴担水做饭。

年轻和尚：那得道之后，又做什么？

老和尚：砍柴担水做饭。

年轻和尚哂笑：那何谓得道？

老和尚：得道之前，我砍柴时惦念着挑水，挑水时惦念着做饭，做饭时又想着砍柴；而现在，砍柴即砍柴，担水即担水，做饭即做饭，这就是得道。

看懂了就不会再纠结于二者的先后、轻重——不会加班工作的时候说愧对孩子；在家又感觉自己屈才没有在职场崭露头角。虽然我也是女权主义者，但是女权并不是要证明自己比男人更强势，而是找到适合自己女性特征的社会角色，你觉得对吗？怀孕前，你根本不会想这些婆婆妈妈的问题，但是现在——为了宝宝只能暂时搁下工作的时候你心里有一丝怅忘了，"何意百炼钢，化为绕指柔"？钢铁般的意志竟然瞬时就被肚里的小家伙给柔化了！我特别欣赏你，这么快就进入妈妈的角色了，佛语说"无欲则刚"，这是你现在最应该具备的心境。

说完工作与生活，我们再说一下跷跷板的支点你自己吧！

很多新手爸妈抱怨说："这孩子从生下来就整天哭，唧唧歪歪也不知道随了谁？！"我认为所有的表象（象）都有它形成的道理（理），并且形成过程不是一蹴而就的，而是一定数量累积（数）达到的质变。孩子的性格不一定像妈妈或者像爸爸，但是他一定受了你们营造氛围的熏陶，要么说"蓬生麻中不扶自直"呢？这就是《易经》的三个内涵：理、象、数。所以，我希望你整个孕期都保持好的心情，乐观是最难遗传给孩子的性格，心情才是最好的胎教！

你问我什么时候开始胎教？现在孩子刚萌芽是不是还没有大脑感觉不到？没有耳朵听不到？我想孩子从扎根在你身体里那一天，他就可以感受到，像一颗种子，从埋藏在土地里那一天就开始汲取万物润泽。

什么是胎教？并不是抱着肚子给他讲之乎者也那么狭隘的概念。他出生之前"鼓之以雷霆，润之以风雨"的一举一动都是潜移默化的胎教。

首先，照顾好自己的身体，均衡膳食与规律的作息必不可少。不需要暴饮暴食增加营养，孩子出生六斤左右，整个孕期增长30斤，额外的热量会转化成你的游泳圈，你还那么年轻，怎么甘心产后变成黄脸婆？家人一定也不忍心让你营养过剩形成高血压高血糖的高危产妇。与其产后抑郁地减肥减压不如未雨绸缪均衡膳食，从孕期就做一个有节制的辣妈。

其次，孕期不宜剧烈运动，但是要坚持适度的运动，力所能及的工作及家务。我的顺产，很大程度上得益于我坚持不懈的孕期瑜伽和散步。我是很不赞成剖宫产的，暂且不说开膛破肚损失多少元气，剖腹产的孩子胆小……这些专家的论点；你只想想一辈子的疤痕，永远不能穿的低腰裤、比基尼……你会不会跟我一样下定决心顺产？

说些小姐妹的私房话：

曾经在我怀孕的时候，一个姐姐劝我一定要顺产，她说："因为她和老公嘿咻的时候，老公一定要关上灯，她问为什么，老公说因为她肚子上的疤痕太可怕了！"

姐姐很生气："我这刀疤不是因为给你生孩子吗？！"

姐夫说："我知道、我承认你都是为了我们爷俩，可是我就是有心理障碍！"

不要因此质疑爱情，我知道姐夫非常非常爱这个姐姐，他们也和咱们一样都是同学两小无猜一路相随的感情。但是男人始终是视觉的动物。后来我们跟很多闺蜜私聊过如此问题，男人们对外貌的在意程度大抵相同。不用现在急着问你老公介意不介意你产后发福、疤痕、色斑？没有经历的人都是初生牛犊来者不惧，现在说什么都为时尚早。

最后，说一下言行胎教。周文王的母亲怀孕时"目不视恶色，耳不听淫声，口不出恶言，能以胎教"我觉得这句话说得特别好，什么音乐胎教、国学胎教总比不过孕妈妈平易的心态，和谐的家庭环境。

关于孕产期的营养、护理有很多专家的建议可以采纳，但是除此之外还有些事情医生解决不了——你的心理变化还是需要自己去适应。这三个月我看着你和宝宝一起成长，想起八年前的自己，很感谢，你让我重温了孕期的期许与快乐。

让每一位妈妈事业与家庭兼得的时间管理法则

什么是时间管理——　　1. 有效地利用时间。

2. 重视时间贡献度。

3. 善于利用长处。

4. 做出有效决策。

如何进行时间管理——　1. 四象限法则：诊断自己的时间。

2. 帕累托法则：消除浪费时间的活动。

3. 韵律原则：将碎片化时间整合。

二十一天法则将时间管理培养成习惯。

八小时以内，我是朝九晚五的企业运营分析师，为企业提供整体运营情况监测分析。

八小时以外我是两个孩子的妈妈，昕悦竹音文化传媒的创办人，有着四千万阅读量的搜狐母婴金牌自媒体人，《家长学堂》栏目的亲子关系解读嘉宾、五家媒体的专栏作者、多家出版社的儿童阅读推广人……最荣幸的是今天头条网又给我一次刷新自己经验值的机会，让我带着头条网自媒体人的身份作为一名头条学院的讲师，可以把我的经验与大家分享。

大家一定很奇怪，我为什么生养两个孩子还有这么多时间、扮演这么多重的角色？除此之外还能悠闲地跟朋友聚在书店喝着咖啡聊天？

因为我会记录时间、管理时间、统一安排时间，换句话说，我喜欢做"时间的管理"。

一、什么是时间管理？

时间管理是指通过事先规划和运用一定的技巧、方法与工具实现对时间的灵活以及有效运用，从而实现个人或组织的既定目标。作为一个期待着鱼与熊掌兼得的职场妈妈，最重要的是掌握家庭与事业的平衡性，个人以为，我们的时间管理主要包括以下四个方面：

1. 有效地利用时间。

利用自己所能控制的点点滴滴时间有条不紊的工作、生活。因为时间是稀缺资源，是我们做事情的必要条件又没有替代品，这极大地限制了我们做事情的量，所以我们只能提高质。放开二胎以后，很多妈妈都有这样的体会，自己时间完全不够用，一个孩子都够忙的，两个根本搞不定，那么我们就需要好好分析一下自己把时间都耗费在什么事情上？尽可能减少无用功，缩短不必要的耗费，管理好自己的时间。

2. 重视时间的贡献度。

重视时间创造的价值，不能闷头瞎忙，注意如何使自己的努力产生必要的成果。不管在家还是在公司做事情之前不是立刻一头钻进去，也不是马上考虑做事的步骤和方法，而是首先思考一下："这件事我应该做到什么程度？别人希望我做出什么样的成果来？"

比如：大家常说的陪伴孩子的时间。曾经有一位全职妈妈问我，我每天都在家伺候他们兄弟俩，小的刚睡，大的就过来让我讲故事，大的一吵小的又醒了，每天时间都给他们俩了，他们竟然还都感觉妈妈没有陪自己。我也是两个孩子，我曾经问过兜兜："你是希望妈妈一天都带你和妹妹一起玩儿，还是单独跟你出去两个小时看一场电影？"兜兜毫无悬念地选择了后者。

也就是说，你做事情之前必须先了解对方的需求，他希望达到的结果，而不是任劳任怨立刻下手就做，这样效果会事半功倍。

3. 善于利用长处。

这里讲的长处，不光善于利用自己的长处，也包括借力身边人的长处，甚至是利用一种思想、舆论的优势来达成自己的既定目标。

比如我们家大女儿的古筝弹得不错，我就可以借用陪她练习古筝的时间顺便做了小宝的胎教和早教。

很多妈妈感觉累其实是犯了一个错误：事必躬亲。其实家里每一个成员都有自己的优势，不如借力、放权。

常听其他妈妈说带着俩孩子格外小心，在家生怕大宝会趁其不备打小宝，我们家正相反，我认为大宝最好的家庭角色就是小宝的榜样。

我记得曾经有人为了证明星座解读性格的学说是歪理邪说，故意把双鱼座的特性赋予巨蟹座的人，骗巨蟹座人说，这是你们星座的特性，你看我说得对不对？有了这样的心理暗示，巨蟹座会把一些特性硬往自己身上套，就觉得非常有道理很认可，当最后别人告诉他读错了，那不是你的星座他都不相信！

但是我看了这个故事之后，感觉这倒是可以用在我们家，所以我从怀孕就开始故意问大女儿："兜兜，你想要一个弟弟还是妹妹？"我女儿肯定是想说什么都不要，但是我没有等她反应过来就开始继续念叨，"你肯定想，只要不是给我生个哥哥姐姐就行！因为兜兜是狮子座啊！狮子座必须是老大，必须是森林之王！妈妈只能生一个比我小的，让他臣服于我，听我的、崇拜我！是不是啊？还是妈妈了解你吧？"隔三差五的我就会假装不经意地说一遍："狮子座必须是老大！""哎呀姐姐弹古筝太好听了！小宝崇拜死了！你一弹琴他就在妈妈肚子里猛踢腿。"

我就这样借用狮子座的一份虚荣心、自信心给她一个王位，反而很轻松地说服了她接纳小宝。小宝出生后，我特别信任大宝，经常让大宝独立照看小宝，比如给她讲故事、唱歌，这个时间我可以做饭或者处理一些突如其来的工作。

4. 做出有效决策。

按照事件的轻重缓急，制订出先后次序，重要的事先做，不重要的事放一放，解决好条理和秩序问题。

我经常会遇到这样的情况：我在写稿的时候，小宝忽然嗷嗷叫着要吃奶，大宝"妈妈、妈妈"地叫着让我看她的手工，炉子上熬的粥该关火了，送快递的来按门铃了……

这时候应该怎么办？不可能同时做的事情就分轻重缓急，先关火，让大宝给快递开门，然后自己抱着小宝一起欣赏大宝的手工。

在明确了什么是时间管理，以及时间管理可以达到的效果之后，我们不得不仔细说一下最关键的：

二、如何进行时间管理。

简单地讲，分三步：

1. 诊断自己的时间。

2. 消除浪费时间的活动。

3. 将碎片化时间整合。

其中：

1. 四象限法则：诊断自己的时间。

不知道大家有没有观察到这样一个现象：一个家庭中妈妈的作用就好比是一只钟表的时针，稍微改变一点点，整个家都会发生翻天覆地的变化，女人关系着家庭的整体氛围。那么妈妈的时间管理能力就很现实地会影响到全家做事的实效，对孩子以后性格的塑造更是有决定性的影响。

有很多妈妈都会说一天到晚忙死了，结果晚上睡觉时感觉自己一天什么都没干，只照顾孩子了都没空打扮、没时间做家务、没法去工作，更没有时间跟朋友见面聊天、看电影……因为做的事很琐碎、很忙乱，搞得自己心情不好，效果也不理想。

究竟什么占据了我们的时间？这是一个经常令人困惑的问题。如果把工作按照重要和紧急两个不同的程度进行划分，基本上可以分为四个"象限"：既紧急又重要、重要但不紧急、紧急但不重要、既不紧急也不重要。这就是关于时间管理的"四象限法则"。时间管理理论的一个重要观念是应有重点地把主要的精力和时间集中地放在处理第二象限"重要但不紧急"的工作上，这样可以做到未雨绸缪，防患于未然。但这需要很好地安排时间，才能保证时间不会被别人所占据。

怎么做才达到事半功倍的效果呢？那么你需要先诊断一下自己的时间利用有没有问题。

（1）记录时间：记录每项工作耗费的时间，了解自己的生活。

首先，找出什么事情是根本不必做的，做了就是浪费时间。问问自己"这件事如果不做会有什么后果？"如果没有影响就立刻取消。比如不停地网购、废寝忘食地打游戏，孩子上特长班的时候妈妈坐在外边无所事事地玩儿手机、孩子做作业的时候家长又很苛责地坐旁边盯着等，这都是应该取消的活动。

我的女儿做作业时间我会用来写稿，我会告诉她，妈妈和你一起写作业，等写完了咱们互相检查。我们分别做自己的事情，又能够有效监督。

其次，找出哪些活动可以由别人替代，并且不会影响效果。

以前我的周末跟其他妈妈一样，就是集中做家务：洗衣服、做饭、擦窗台、擦抽油烟机，老公和女儿的衣物全都是手洗，白衬衣的领子很难搓干净，真是非常琐碎忙乱，情绪也越来越差。后来，我改变了自己的时间分配：我请了家政帮我打扫卫生，她比我专业做得比我更好更快；衬衣送到干洗店，洗得更干净、熨烫更平整；节省下来的时间我可以用来陪孩子看电影、再跟孩子一起写篇影评，我写文章赚到的稿费支付家政劳务费与干洗费绰绰有余，身心也非常轻松。

再比如说，我怀小宝之前，对大女儿也是事必躬亲，但是怀孕七个月以后发现自己力不从心了,很忐忑地把老大交给爸爸,却发现爸爸把孩子带得非常好,半夜也能起来给孩子盖被子、早晨也能送孩子上学、周末也能辅导作业,甚至因为男人的性格更倾向于探索、思维更加理性,带孩子出去玩儿的时候,孩子觉得更加过瘾、刺激,更喜欢跟爸爸出门。

这就是我们常说的"授权"。把可以交由别人做的事情授权给合适的人,节省出来的时间做真正不能替代自己的事情,这是有效性的一大进步。

(2)制订计划:有条不紊的生活,每天从一份计划开始。

首先说一下我自己的生活:我的生活非常规律,每天早晨6:40起床叫醒9岁的大女儿,7:00爸爸送她上学后,我给四个月的小女儿喂奶,带她和月嫂一起去上班,因为医生建议纯母乳喂养到六个月,所以8:30—17:30我上班的时间,她们在我单位旁边,我租的房子里住。下班我们再一起回家,照顾两个孩子到九点半,孩子们睡觉后我会跟老公聊天分享一天的经历,之后还有时间就阅读、写作,十二点左右入睡。

我会把自己每天要做的事情在早晨起床时就做好一份计划,怕自己忘记经常是写在手机备忘录里边,重要的事件我会定上闹钟提醒自己。

时间的供应是没有伸缩性的。不管我们需求有多么强烈,时间的供应就是这么多。它还不同于其他商品性的供应,因为它没法用价格来进行调节,花钱买不到。所以别期待它能靠市场调节,它只能是你自己提前计划,执行过程中稍作调控。

2. 帕累托法则:消除浪费时间的活动。

帕累托法则也就是我们常说的二八法则,它的定义是:在任何特定群体中,重要的因子通常只占少数,而不重要的因子则占多数,因此只要能控制具有重要性的少数因子即能控制全局。比如生活中80%的结果几乎源于20%的活动;20%的客户为企业创造了80%的利润,因此,要把注意力放在20%的关键事情上。

我们工作中常常遇到这样的情况,一些与你毫无关系的会议让每个部门抽个人去听一下，只是坐在那里凑人数，根本不需要上传下达，不需要你开展任何后续工作，根本没有必要参与，却白白浪费了时间。

时间管理当中最有用的词是"不"，而人们工作生活处理不当中最常见的一种情况就是不会拒绝。

除了没有价值的活动对时间的浪费，还有一种情况是能力有限或者职责范围之外的事物，自己勉为其难地接手造成的时间浪费。

自己不能胜任委托的工作，不仅徒费时间，还会对自己其他工作造成障碍；同时，无论是时间延误还是完成质量都无法达标，都会打乱委托人的时间安排，结果是"双输"。其实量力而行地说"不"，对己对人都是一种负责。

我是做企业运营分析工作的，两个月前，一家羊奶粉的生产企业找到我，希望我出一篇关于羊奶比牛奶健康的行业分析报告，我根本不了解羊奶粉这个行业，又怎么能如期按质做真实的分析评判？所以我选择放弃。我不希望因为这一件事耗费我 80% 以上的精力，打乱现有的工作安排，削弱现有工作可预期的效果，却只取得 20% 以下的收益。

生活中很多新手爸妈也会无条件地答应孩子无理的要求，耗费大量的时间和精力。比如在我们家里，大女儿三四岁的时候，爸爸做一桌菜，女儿不喜欢吃，他就问："那你喜欢吃什么啊？爸爸再去给你做！"

我很反对这样的做法。要么你在做饭前问好"今天中午你想吃什么啊，爸爸给你做"；要么就是让孩子有什么吃什么，尊重别人的劳动。重新返工不仅是食物的浪费，也是时间的浪费。

3. 韵律原则：将碎片化时间整合。

经过前两个步骤做好了时间计划，明确什么是需要优先处理的事物，并经过充分授权后筛选出必须自己亲自完成的事情，这时，我们就可以保持自己做事的韵律节奏自由支配时间了

一方面，事件的合并归类必不可少。

做饭与亲子时间矛盾吗？比如我下班回到家很晚了急着准备晚饭，可是大

女儿想让我陪她玩，我会说："你来厨房陪我做饭吧！"然后她打鸡蛋，我切肉；她择菜，我炒菜；她淘米，我煮饭；很快一顿丰盛的晚餐就上桌了。

这就是把两类不同的需求合并执行了，时间减半效果却不减。

另一方面，一件事最好抽一大段完整时间一次把它做完。

比如我一般会用夜深人静的时间完整地写作，白天想占用工作时间忙里偷闲写作非常不划算，因为经常会刚理清思路，就被突如其来的临时性工作打乱，忙完工作再拾起笔墨，原有思路早已烟消云散不知去向。

当你用完整的时间一次性只做一件事情时，一次只瞄准一个目标，思路连贯效率反而会提高。

三、运用二十一天法则将时间管理培养成习惯。

还是先从我自己说起，这个学期，也就是小宝出生后，周末我想抽出一个整天的时间单独辅导大女儿作业很困难了。周五老师说，下周就要期中考试了，周末家长务必抽出时间来给孩子做全面的复习。

我一看老师的要求，周六把转转交给月嫂李阿姨就开始翻看兜兜的书包，可是当我拿出兜兜的作业时，吃了一惊：语数外三科作业周五在学校就已经全部完成，并且用红笔都批改完了！我问兜兜："是谁给你听写、批改的？"

兜兜说："我和同桌互相听写、批改的。"

"你们哪有这么多时间？"

"都是用零散的时间一点一点拼凑的。比如大课间，做完课间操、喝完水、上了厕所回教室还有几分钟时间，老师放动画片，正好这个动画片我看过了，我就拿出作业来做。同桌一看我都快做完了，就急忙拿出来追我的速度。有时候是我在看些乱七八糟的闲书，同桌又会督促我，我写作业了哦，你要不要一起？我们就这样七拼八凑的时间，两人一起写完了。"

我赞叹道："上个月你们是只做完能独自写算的部分，上一周可以互相听写、互相检查背诵，这周竟然又进一步，互相批改纠错了！"

兜兜很得意地说："对啊！我们摸索出经验来了，要是只做写算部分周末还是不能彻底放松地玩儿，还要听写背诵，我们希望在学校把零散的时间都用起来，回家就有完整的时间休息了！经过实践我们可以挤出更多的时间，一起做更多事情！"

据研究，大脑构筑一条新的神经通道需要 21 天时间。所以，人的行为暗示，经 21 天以上的重复，会形成习惯，而 90 天以上的重复，会形成稳定的习惯。习惯的形成大致分三个阶段：

第一阶段：1—7 天，这个阶段你必须不时提醒自己注意改变，并刻意要求自己。因为你一不留意，你的坏情绪、坏毛病就会浮出水面，让你又回到从前。你在提醒自己、要求自己的同时，也许会感到很不自然、很不舒服，然而，这种"不自然、不舒服"是正常的。

第二阶段：7—21 天，经过一周的刻意要求，你已经觉得比较自然、比较舒服了，但你不可大意，一不留神，你的坏情绪、坏毛病还会再来破坏你，让你回到从前。所以，你还要刻意提醒自己，要求自己。

第三阶段：21—90 天，这一阶段是习惯的稳定期，它会使新习惯成为你生命的一部分。在这个阶段，你已经不必刻意要求自己，它已经像你抬手看表一样的自然了。

每个妈妈都是时间的魔法师，只要合理规划时间，一切家务、工作可以信手拈来不是吗？

第四章

对爸爸

爸爸才是名副其实的育儿专家

"爸爸"在兜兜的眼中始终是一个"懒""粗""忙"的角色，每晚兜兜放学回家，他瘫坐在沙发上玩儿手机，什么都让兜兜自己去做；出去玩儿的时候他对危险熟视无睹，带着兜兜哪儿高往哪爬，自己比孩子玩儿得还 high；周末不是加班就是在打电话安排工作，好不容易在家歇会儿还总看专业书籍……

兜兜叹口气说："咳！男人真不靠谱！"于是兜兜学会了炒菜做饭、照顾孕期的妈妈、自己安排作息时间、胆大地翻山下水……

小长假三天，要不是我大腹便便不能出游，我是断不会把兜兜交给爸爸，让他们爷俩单独自驾游的。5月2日爷俩出门之前我再三地问兜兜爸爸："你确定你能行吗？"（此前兜爸爸自己带孩子去的最远的地方不过就是小区外的菜市场。）

可是兜爸爸这次胸有成竹："你在家歇着就行！绝对没问题！"

忐忑地目送爷俩在初夏的雨中驶出我的视线，到一个半小时后爷俩发来第一张照片，整整一天，爷俩的笑容充斥着我的屏幕，晚上回家，两个不知疲倦的人滔滔不绝地向我讲述今天开心的经历,"我们坐了各种过山车,本来我不敢坐,可是爸爸说你都没有坐,怎么知道有什么可怕?所以我就上去试了一下!上去才知道没什么可怕的,不过如此啊!然后我又坐了两遍,结果爸爸都快转吐了!太好玩儿了!"兜兜说着诡异地一笑,"还有还有,我们本来不打算告诉你的,我们俩有个秘密行动——我们趁你不在还偷吃了冰激凌!……"

看两个人眉飞色舞地侃侃而谈,我真是前所未有地轻松与惬意。父母在孩子的成长过程中的确扮演了不同的角色,不是主角与配角的差异,而是文韬与武略实质性的区别。

1. 爸爸是孩子崇拜的英雄,给孩子长久的安全感

兜兜说:"妈妈幸亏今天你没去!不然肯定不让我坐过山车!因为你也不敢坐!"

爸爸带孩子的"粗"是每个妈妈有目共睹的,但是这粗中带细的教育方式却给孩子更广阔的世界。

妈妈总是强调"当前的"安全,小心翼翼地阻止孩子做这做那,而爸爸注重"长远的"安全,会教给孩子更多生存技能。妈妈给孩子的更多是家的归属感,让孩子从自己营造的氛围中感受到温馨、安全;爸爸呢?是给孩子走出去的勇气,一句"放心去吧!有爸爸在身后看着呢!"孩子顿时有如神助、安全感倍增,独立性与进取性得以激发。

爸爸的"粗"在于不会时时刻刻盯着孩子,不会在第一时间观察到孩子的需求,然后立刻去满足孩子,但这恰恰给了孩子自己调整的时间与空间,给了孩子主动适应、锻炼自我、尝试错误与自主更正的机会。

为什么孩子总感觉爸爸是个大英雄?不是爸爸什么都敢做能做,而是爸爸什么都敢让他去做、去尝试,让他获得史无前例的信任与成就感!

2. 爸爸动手能力强，有冒险精神和尝试欲望，给孩子更大的自主空间

兜爸爸经常邀请兜兜一起刷车、种树、修理家电，不像我经常为了节省时间干脆代劳，兜爸爸有时候甚至出两块钱小费，让兜兜替他去做家务，我常说兜爸爸懒，什么都得搭上跟班儿的，现在回想一下：不知不觉中，兜兜真的是比其他羞答答的小姑娘更"能干"了！不怕脏不怕累、分析判断能力、胆量与动手能力都有效提升。

爸爸不同于妈妈细腻温柔的思维模式，他们勇敢坚毅的品格以及一往无前的冒险精神为孩子留下一个较大的自主空间。他们的"懒"恰恰激发了孩子的主观能动性，减少孩子不必要的依赖。正因为爸爸的"懒"，孩子遇到困难时就只能发挥自己的智慧、能力，因而他的意志品质和解决问题的能力得到充分锻炼；碰壁、遇到挫折时，孩子又不得不学习接受社会准则的限制、约束，甚至惩罚。一切经历都给予孩子更大的生命激情和对未知世界的执着追求。

3. 爸爸情绪稳定，管理尺度客观理智

孕期的妈妈们肯定跟我一样常常会因身体状况而造成情绪大起大落，即便不是孕期，大部分女性每个月的生理周期也会或多或少影响个人的心情。在这种情况下，我们对孩子的管理尺度也会出现不统一的标准：身体和心情好的时候孩子调皮捣蛋无所谓，我们可以平心静气地讲道理，而身心不畅时，孩子吃饭弄脏了衣袖都变得忍无可忍。

相对而言，爸爸的情绪受身体状况的影响比较小，就更加理智客观；另外爸爸没有妈妈敏感细腻，内在的情绪自控力比妈妈要强，对待孩子的行为自然比妈妈宽容、冷静。

4. 爸爸更具孩子气、有幽默感，有利于孩子乐观快乐的性情培养、人际关系的提升

有没有发现爸爸会时不时地跟孩子一起搞个恶作剧，故意气炸你，看你大发雷霆两人躲在厕所哈哈大笑,有一种成功的小喜悦?或者爷俩趁你不在偷偷在冬天吃了你严令禁止的雪糕,饭前吃了块巧克力,有一种挑战威严得逞的成就感?其实在外边撑起一片天地的男人在家里更像个大孩子,父子(女)二人会一起扮演动画片里的角色,绘声绘色学卡通人物的语言和动作,在你面前他们理所当然成为一条战线的伙伴。

相比妈妈的中规中矩,爸爸们的幽默感、逗比情结更有利于孩子情商培养、人际关系的提升。

兜兜性格乐观开朗,是班里的故事大王,总会把每晚发生的趣事、看的漫画惟妙惟肖地展演给同学们,给同学们带去欢乐的同时,自己也增加了自信与成就感,还营造了融洽愉悦的学习氛围。

据说"最好的娱乐活动,就是像孩子一样玩耍,那才是真正的放松。"所以,在职场苦苦打拼的爸爸们,不妨趁着和宝宝共度亲子时光的机会,彻底放空自己,回到童年,跟孩子一起玩儿你当年的游戏、绞尽脑汁创造几个小恶作剧……充分释放自己,放松紧张的情绪,你一定会忘记工作的压力。

5. 爸爸知识全面、思维理性,始终用科学的观点给孩子解释事物

爷爷奶奶们总会用狼、老虎吓唬小宝宝,让他们快吃饭、快睡觉,而且老人常因知识所限无法正确为孩子解释各种天文、生物知识;妈妈呢?总会偏重于童话故事中人性的真善美,这时候又要当爸爸的出马了。就像学车时教练常说男人对机械的理解力更强,爸爸在历史、政治、天文、地理方面可以给孩子更加科学的诠释。

上周,兜兜问起为什么会有战争,我在犹豫时,兜爸爸挺身而出,给兜兜讲了一大段货币战争,什么金融、财团、政治性的因素引发战争,战争胜败取舍之类听得我一头雾水,而兜兜却崇拜得聚精会神,解答之后,爸爸明确告诉兜兜事实不是童话中的王子为了公主而战,战争的根源是利益。这是兜兜第一次听到一个足以颠覆她世界观、价值观的解释。但是,有多少爸爸就是这样理

性地又重树了一个崭新的世界观给孩子？

当然，每个家庭不同，也有大大咧咧、不拘小节的女孩子妈妈，搭配感情细致、温文尔雅的爸爸，但是不论性别因素，还是个性因素，最终父母都是以行为方式来影响孩子的，父母的作用不可互相替代，希望更多爸爸参与育儿，为孩子塑造完整的人格。

教孩子用好私房钱，爸爸的新姿势

没有人愿意把私房钱问题公之于众，私房钱于婚姻关系来说是非常微妙的，可是我们家就有这么一对小冤家：孩子他爹不仅自己藏私房钱，还把这门独门秘笈演进成祖传手艺，明目张胆就教给了孩子！

上个月，还在休产假的兜妈收到单位的催缴保险通知（因为产假期间只发基本工资，而这几个毛毛完全不够缴纳我的五险一金，单位催我汇款过去）。我央求老公替我交保险。出乎我的意料，老公竟然说自己没有钱！！！哪个女人会相信老公没有私房钱呢？

老公诡秘地一笑："我的私房钱都买羊了！"

"羊肉？"

"咳！本来不打算告诉你的，我认购了五头小羊羔，想等羊长成赚了第一桶金再给你炫耀一下呢，怕你不相信，算了，今天就给你看看吧！"老公讲得眉飞色舞，掏出手机展示给我看一个监控界面，"看到没，这个羊圈里的一群羊！"

第四章 对爸爸 133

"有五只是咱家的？"我禁不住好奇地问。

"什么是咱的？是我的，我好不容易才攒了这点钱。"老公时刻不忘宣布主权，"现在还是小羊羔，长大了能卖钱的时候，他们企业就会给我清算的。一头羊怎么也能赚一千块钱吧？"

"你的口水都快要流出来了，简直像灰太狼盯着喜羊羊！"

说到男人藏私房钱不过就几种用途：

1. 不打乱家庭开支计划条件下满足个人爱好。

2. 不让对方知道的情况下偷偷孝敬自己父母。

3. 以备家庭、亲朋不时之需的备用金——地主家也得有余粮啊！

4. 自己投资理财。到特定的时候给家人一些意外惊喜，或者投资理财成功后"炫耀"投资眼光，让对方钦佩。

5. 不能说的秘密。这个大家应该都明白。

但是男人会怎样教孩子使用私房钱呢？

1. 自由支配自己的私房钱，但是向别人借款要考虑自己的经济实力，养成借钱及时、全额归还的好习惯

上周五，兜兜学校开运动会，周四晚上爸爸带她去超市采购零食和饮品供她运动会一天享用。从超市回家，兜兜飞奔向自己的零钱包，嘴里念念有词："五十三块八、五十三块八，我要还给爸爸五十三块八！"

以往都是我带兜兜去逛超市，虽然限制零食的总量，但是从来不用兜兜还钱，父母给孩子买几袋零食还不是理所当然吗？可是兜爸爸毫不含糊："兜兜，你找出钱来了吗？"

"爸爸，给你五十三行不行？我没有八角钱。"

"没问题！"爸爸爽快地给兜兜免除了一部分账务，兜兜也欣喜地为自己的口欲埋单，看得我目瞪口呆。

"你怎么还要孩子的钱啊？她去做直播，一期节目才赚100块钱，你这一

下子就要走一大半合适吗？"我护犊子地凑过去。

"合适啊！兜兜说好了是借我的钱买东西，她会还给我的，对吧兜兜？"

"对！妈妈，这是我和爸爸的约定，不用你管！本来爸爸说让我买一般的零食，但是我看上进口食品了，爸爸说同样都是巧克力曲奇，进口的贵一倍不给我买，我说的，用我自己赚的钱，我自己买！"兜兜很自豪地宣布，"是我自己的零花钱，我自己做主！"

2. 鼓励孩子通过劳动赚钱，适度储蓄的同时，鼓励孩子享受到劳动所得带来的满足感、幸福感

"兜兜，你不是说要把钱攒起来吗？"我好奇地问。

"对啊，我就是一直攒起来的啊！但是现在我想花了！明天开运动会，我想要带一包零食去跟同学一起分享！"

"对！赚钱的目的不是为了省钱，是为了更好地生活！那么消费就是其中相当重要的一部分。"爸爸对兜兜的行为给予极大的肯定。

作为妈妈，我总是习惯教孩子养成储蓄的习惯，却忽视了培养孩子有序的消费习惯。

3. 让儿童有爱心、有感恩的心，并将家中小爱升华为回馈社会的助人之乐

说着话，兜兜把新买的零食拆开，塞进我嘴里一大块，我还是心软，不舍得让兜兜花自己的钱，说道："兜兜，你买的零食，是和妈妈一起吃的，妈妈帮你分担一半，给你26.5元吧？"

兜兜咯咯地笑着打断我："不用啊，我应该给你买好东西吃，等我长大了赚到更多的钱，我还要带你去旅游呢，因为你是我的妈妈啊！这块饼干好吃吗，妈妈？"

"当然好吃！我的小兜兜最知道妈妈的口味了！"

"兜兜，上次你们去做直播，妈妈和嘉丽阿姨参加的救助血液病儿童，你

要不要也拿出零花钱帮助那些小朋友？"爸爸有些"得寸进尺"地要求了。

"为什么呢？"

"因为他们家庭比较贫穷，可是又不幸患上疾病，花光了家里全部的积蓄也不够医疗费，如果没有足够的医疗费，他们就可能……"

"可能会死吗？"

"是的。"

"好吧。"兜兜沉思良久，最终吐出这两个字的时候如释重负，那种幸福感是给自己买零食所无法企及的。

说到底，私房钱问题折射的是一个家庭对待金钱的选择态度，男人的私房钱考验的是夫妻双方的责任和诚信。孩子的私房钱折射的是父母的教育理念。

对待金钱的问题上，我们不仅仅需要教会孩子认识各种货币、信用卡；鼓励孩子用劳动赚取相应的报酬；记录收支、储蓄理财之外，我们还要培养孩子合理消费的理性思维、形成有计划管理资产的能力。

除此之外，父母还应十分注意把握好自己的理财观念和消费行为。大多数时刻父母不必说什么就可以把花钱的决定、次序、信念及习惯等潜移默化地传授给孩子，这就是一个家庭难以泯灭的财富共性，所以家长处处都要以身作则。

举个反面的例子。邻居家是做房地产生意的，小儿子今年上小学四年级，学习成绩已经没有任何下降空间了，老师劝导多次，还是一如既往地上课不听讲、放学不做作业。老师无奈地说："睿睿，你再这样下去就考不上初中了。"

睿睿理直气壮地顶撞老师："没事！我妈说了，我哥就学习不好，他也没有考上初中，有钱就能上！"

家长们一定要帮助孩子正确"理财"，不是放到银行、股市的理财哦！这个"理财"的意思是——教会孩子们正确理解财富，形成恰当的消费观和价值观。帮助孩子正确理财，才有利于孩子们的健康成长，有利于家庭的和谐与长远发展，希望每个家庭都能重视这堂课。

第五章

对孩子

孩子，输得起才能赢得了

周末带着兜兜回奶奶家，兜兜与久未谋面的堂妹丫丫、来串门的妞妞三个孩子玩藏宝寻宝游戏高兴得不亦乐乎。游戏规则非常简单：兜爸爸把家里的三根拐棍藏起来，孩子们分别寻找，谁找到两根以上就赢得比赛。

起初总是每个孩子找到一根不分伯仲，如果丫丫先找到第一根，奶奶就会笑容灿烂地拍手称快、肆意夸奖："还就是我们丫丫眼尖嘞！丫丫你真厉害啊！"毕竟是老人家自己带大的孩子，我们都理解这种舐犊之情演化成隔代亲后沉甸甸的分量，没有人有任何异议，兜兜和妞妞都置若罔闻游戏继续。

可惜好景不长，不到一小时，妞妞的爸爸妈妈带她回家了，游戏只剩下兜兜和丫丫继续进行，两个人找三根拐棍不可能出现平局，谁先找到两根就定了输赢，而非常不凑巧的是，第一局兜兜就一下子找到了三根，丫丫号啕大哭，爷爷奶奶、丫丫的爸爸心疼地围着丫丫哄，兜兜很茫然地站在那里不置可否，兜爸爸很尴尬地也连忙去哄丫丫，甚至把兜兜手中紧握的三根拐棍抽出来两根送给丫丫作为补偿……这种全家赔罪似的场景让一直置身事外的我再无法继续袖手旁观，我到丫丫跟前只说了一句话："丫丫，愿赌就要服输……"还没等我说完，一家人就沉下脸冷冰冰地怒视我，兜爸爸直接指责："你说这些干什么？哄孩子哄孩子，孩子不就是哄的！"丫丫哭得更疯，然后我们一家三口只好快快地走了。

其实，我还有一个故事想讲给丫丫听，只是全家人没有兴趣听。那么我把它写下来，希望有人可以看到：

一匹从未赢过的赛马

春丽是日本一匹明星赛马。它之所以成为明星，不是因为它能征善战，恰恰相反，在它的赛场生涯中，它从来没有赢过。在它连败第88场时，高知县报纸对它作了专门介绍，由此一举成为当地的明星。它迎来第100场连败时，日本电视台NHK作了专题报道，使它一夜间在日本家喻户晓。越来越多的人专程来看它，明知道它赢不了，还是大把地买它的马票，作为礼物送给朋友。它所在的高知县赛马场因它而扭转亏损。

许多人给它写信、寄来一箱箱的胡萝卜和苹果，甚至捐赠财物。它的第106场比赛，在公众的呼吁下，由全日本最优秀的骑师与它搭档，大家都希望它能赢得这一场比赛。日本首相小泉当天在国会发表演说时都专门提到这场比赛，为春丽祈祷。然而这场比赛，春丽在11匹马中，只跑了第10名。按说，它已经让关心它的人失望透顶了，但大家非但不厌弃它，反而更加喜爱它。人们继续为它呐喊加油，为它高唱《春丽之歌》。歌中唱道："今天仍然是最后一名，还是不行啊，我是不气馁的春丽，一心一意朝着自己坚信不疑的道路前进。还要继续努力的春丽，梦想的终点一定会到来。"现在，创下113场连败不胜纪录的春丽已届暮年，今年3月31日将完成它的最后一场比赛。按照日本赛马界的规矩，一匹从来没有获得过冠军的赛马，退出赛场后将被屠宰。但日本的公众强烈要求刀下留人，使它得以破例逃生。据报道，春丽退役后将靠公众的捐赠在北海道安享晚年。

这个故事是我上周三从微信中看到的。开始，我很奇怪，日本为什么会喜欢一匹屡战屡败的马？看评论我才明白，日本民众所看重的，是它不懈的努力：一匹从来没有赢过的马，每次出场却都精神抖擞，尽全力奔跑，从不灰心懈怠，正是这一点，感动了广大日本人。这些年日本经济不景气，许多人事业失败，精神不振，每年自杀的人数超过三万。而一匹赛马，让人们看到了榜样。许多人在给春丽的信中就痛陈自己生活中的种种不幸，说自己早已对生活失去信心，但看到春丽奋力奔跑的样子，使自己找回了生活的勇气！原来，日本人并不是简单地同情弱者，而是欣赏、鼓励、崇拜奋斗者。在他们看来，只要你努力奋斗，就值得尊敬，结果并不重要。

成王败寇、崇拜胜利者，可能是世界上一切民族的共性；而尊崇一个标准的失败者，这是一种什么情感？其实大家都清楚，冠军的桂冠只能属于一个人，而这社会的绝大多数，只能像春丽一样，即便付出全部努力，也只能在挫折、失败中度过一生。日本人能从失败者身上找到力量，以此激发自己，使整个民族，从社会精英到普通民众，都昂扬向上，这比它的经济奇迹更加了不起。

反观我们教育孩子的价值标准：只要你能赢，不管是以什么方式方法，都贵为王侯；如果你赢不了、你输了，不管你如何努力，人人就弃之如敝屣。笑贫不笑娼其实是鼓励人不择手段地投机取巧，这样做所谓的出人头地不过是高人一等的虚荣！一个臭名昭著的贪官，一个天良丧尽的奸商，甚至一个明火执仗的黑帮头子，他们除了享受不义之财带来的奢侈生活，更享有精神上的优越感，备受羡慕，甚至敬仰；而老老实实做人、本本分分生活的平凡百姓，连自己的子女都会瞧不起。春丽如果在我们家里，绝对是标准的丧门星，避之唯恐不及，早就被淘汰了，怎会轮到它做偶像？

作为教育主体的我们：一是要为孩子树立正确的人生观、价值观，锻造孩子的性格；二是我们要学会田忌赛马。人生漫长，何必在乎每一城池的得失？输了比赛，赢了人生未必不是最完美的结局。

说实话，作为丫丫的伯母，这个家里唯一一个与丫丫毫无血缘关系的人，我才可以不受情感拖累做出客观的评价，这个孩子太过娇柔，承受压力和挫折的能力明显不足，但这些问题的原因不在孩子身上，而是在你们这些做家长的人自己身上。孩子为什么"受不了一丁点委屈、吃不得一点苦？"要想让孩子长久地赢，必须让孩子先学会服输——承认自己的不完美，接受成长路程中的失败，衷心地欣赏他人，谦逊地取人之长；但是不认输——不放弃坚韧的努力，只有这样内心才会充盈强大起来，才能走得更远。丫丫现在正好相反，她不服输，却已经放弃努力大哭大闹认输了。我们不妨为这个家庭把把脉，诊断一下病症，分析一下病因：

病因1：溺爱

家长，特别是老人，视丫丫为掌上明珠，样样事情都要依从她，久而久之丫丫就形成强烈的"以我为中心"的心态和任性的性格。在这种环境中成长起来，丫丫受不得一点的委屈和挫折，稍不顺心就会哭闹不停，以迫使长辈妥协。

丫丫吃饭前肆无忌惮地吃巧克力没人管，兜兜管妹妹一句，爷爷顶她一句："她饿了先垫垫不影响吃饭！"

吃饭时自己剔鱼刺奶奶就毫无原则地夸奖："我们丫丫真能啊，都会自己吃鱼了！"这本应是孩子幼儿园阶段掌握的基本生活技能。

她的生日被奶奶称为好日子，再之后谁跟她同天出生就算占了福气，凑到好日子上了……

这七年，她的一切都是值得称赞的，没有任何挫折与失败，甚至兜兜病重在急诊室想见一眼奶奶，丫丫都会哭闹着阻止："你是我的奶奶，不能去！"奶奶对自己在丫丫心目中无可替代的地位乐此不疲，兜兜只能叹口气；"丫丫，这是咱们两个人的奶奶。"

是的，因为她是老小，全家人都让着她、宠着她、满足她的独占欲，可是全家的教育理念都错了，他们把已经七岁的丫丫培养成一个输不起的孩子，这是在家里，兜兜是姐姐可以让着她，爸爸妈妈、爷爷奶奶、大伯都可以毫无保留地倾囊相授，但是七岁已经入学的孩子，算是半只脚踏入了小社会，在学校谁会一直让着她——所有比赛都让她赢？

药方：全家态度一致，延迟、适度满足孩子

对于任性的孩子，家长的态度最重要。当孩子在受挫哭闹时，家长要保持平静的心态，听到哭声切不可心烦、焦躁、不知所措，更不要毫无原则地妥协求全，被孩子的眼泪攻势所击败。要让孩子懂得靠哭不能最终解决问题，当孩子有过一两次无论怎么哭也不能达到目的的体验后，就会自觉遵守社会、家庭的规则，停止依赖哭闹哗众取宠。

要纠正孩子的不良习惯，家长先改变育儿观念，并且全家一致：

一是家长不要把注意力过于集中在孩子身上，溺爱只会强化孩子的自我意识。父母有工作忙碌尚可分走部分精力，老人的隔代养育就必须狠下心把握爱的尺度。

二是家长对孩子的要求应当理智地适度满足，不要为了赢得孩子的欢心而提供过于丰富的物质。

丫丫每天饭前吃巧克力，吃饭时吃不下，奶奶再追着喂的问题我说了很多年，可是奶奶说："不碍事，孩子快快乐乐的比啥都强！"可是不规律的作息习惯、不标准的饮食结构使得食欲不振与肥胖始终伴随着丫丫成长，七岁尚可，十岁时她会不会因为肥胖遭受伙伴的嘲笑而自卑？会不会因为高糖而早熟？对孩子身心长期的影响家长有没有想过？满足孩子的贪欲，给孩子一时的快乐，不如陪孩子养成一个好习惯，送他一生的幸福。

三是延迟满足孩子的愿望、通过努力实现的愿望会使孩子倍感珍惜与快乐。没有赢得游戏没关系，我们没必要去安慰她、哄她开心，而是应该鼓励她自己重新站到起点，开启新一轮比赛去实现赢的梦想，赢不是靠姐姐的妥协、承让，是靠自己的争取，这是她必须面对的社会法则。

赏识教育可以培养孩子的自信心，但如果过分赏识，就会让孩子变得自负，上得去，下不来。一旦遇到强手、被击败的话，很容易导致郁闷、丧失自信而变得自卑。

药方：表扬和批评结合，让孩子全面认识自己在孩子付出一定努力、取得些许成绩时，家长要适时予以表扬，表扬应就事论事地说出孩子在这件事情上的实在可取之处，切忌浮夸，什么"你最棒""最聪明"之类虚无缥缈的词汇最好省略。表扬的同时可以顺势指出瑕疵，给予中肯的建议，与孩子一起探讨更上一层需改进的方面，激励他下一次做得更好。

是的，孩子的热情因长辈和同伴的赞许肯定转化为自尊、自信时，对其性格成长有重要的意义。但是，不能因此把孩子捧成一个只听好话，不听劝解的玻璃人，大家是否知道有一个词叫作"捧杀"？《风俗通》："长吏马肥，观者快之，乘者喜其言，驰驱不已，至于死。"过分地夸奖或吹捧，使人骄傲自满、停滞退步甚至导致堕落、失败。

有些家长特别怕孩子哭，在孩子做出过分或违反规则的事时，也不批评孩子，造成孩子受不得一点委屈，别人稍说不是就哭闹。这不是爱孩子，恰恰是偏离了孩子心理健康成长的轨道，当他们做错事时必须进行合理批评。虽然孩子当时心里会难受，但这种心理承受能力的培养是必要的。家长要让孩子明白，人无完人，接受批评也很正常。

服用方法：批评分四步，对事不对人

1. 严肃地告诉孩子，长辈对他们所犯的错误的感受。

2. 沉默片刻，给孩子半分钟左右思考的时间去适应、接受、反思，不要一味地批判让孩子厌恶，激起孩子的反抗、叛逆心理。

3. 对孩子情绪的安抚。紧紧拥抱孩子，告诉他："你是个好孩子，只是这次犯了一个小错误，从现在开始改正，你会成为更完美的孩子。"

以上三个步骤应尽量压缩在两分钟内完成。

4. 最后一步才是告诉孩子中肯的建议。讲道理效果不一定好，对年龄较小的孩子可以采取讲故事的方式，借助古今中外著名的寓言、童话、历史故事让孩子接受长辈的意见与建议，掌握正确的做法。

病因2：总让孩子赢过他人

有些家长说：为了激励孩子的上进心、主动性、自信心，在家里和孩子下棋、玩扑克、游戏、竞赛时，总是想尽办法让孩子赢。其实，这样做只会适得其反，赢时有干劲儿、有自信，但是输的时候呢？很有可能一蹶不振，孩子渐渐形成"输不起"的性格。更何况这个世界的评判标准不是非赢即输、非黑即白，对孩子的培养除了教他赢的技巧，还要让他学会考量环境、考虑对方的感受、关心团队的整体前景，毕竟人不是孤立在社会上生存的，所以长辈不要以偏概全地仅向孩子要求赢的结果，更重要的是一个无怨无悔的过程。

这个社会赋予我们一种通病：想要踩着别人爬上去，要赢过别人，要有既得利益而不是无偿的倾囊相助，于是，做任何事情都有了目的性：要赢过别人得到好处。

药方1：把失败的权利还给孩子，帮孩子树立正确的人生观、价值观

老师望子成才，父母望子成龙，一门心思扑在孩子的成绩上，一到考试比孩子还着急，不厌其烦地嘱咐孩子一定要考好，老师会说："我们班的成绩肯定是全年级第一！"父母说："你这次一定能超过×××"。

这样的心情可以理解，但孩子不需要从友情、协作中获得快乐吗？其实，在生活中，让孩子适当地承受一些失败是很必要的。作为父母，必须让孩子知道，每个人都有失误甚至失败的可能；但失败并不可耻，更不可怕，可怕的是失败了不敢面对，不去改正不足。更何况第一名永远只有一个，大部分孩子需要学会欣赏成绩斐然的同伴，而不是嫉妒；在欣赏、学习的基础上努力超越，而不是在相互倾轧中卑鄙地取胜。

药方2：把关注力放在事前、事中，无论成败及时做好总结

作为家长我们要具备田忌赛马、通观全局的眼光。人生漫长，何必在乎每一城池的得失？输了比赛，赢了人生未必不是最完美的结局。

父母、老师不允许孩子失败，往往是只看到了失败的一个方面，把它看成是丢脸的事，却忽略了过程的价值和意义。"你看看人家×××怎么每次都考100！"家长常会这样说，可是你有没有想过×××的父母在日常为孩子养成怎样的良好学习习惯？有没有看到×××考试时是怎样的乐观平和心态？

有没有看到×××即便是考了100分还专注地听老师总结此次考试难点、易错题，没有半点骄傲？

只关注一次比赛的结果是很狭隘、短视的鼠目寸光，父母应该有"成败皆体验"的意识：孩子失败了，他获得了"痛苦的体验"，找到短板，将来就知道如何去避免失败；同时，他也有了挑战困难的契机和信心；成功了，他得到赞许与认可，同时需要知己知彼，稳定心态，防止被骄傲冲昏头脑让成绩成为昙花一现。这是一个锻炼自身、慢慢成熟的过程，孩子的良好的心理素质和解决问题的能力会在这个过程中培养出来。

病因3：长辈过多干预，孩子推卸责任

很多家长会说我们对孩子没有过度溺爱，孩子生活很独立，可以帮我们做很多家务，胆子也大敢去攀岩拓展，不存在你上边所说的问题，可孩子就是输不起，嫉妒心强，是不是说明我们孩子上进心强？其实不然，孩子在生活上、生理上健康，不等于心理也健康。很多孩子输不起，人际关系不好是因为长辈过多的干预，渲染了紧张的气氛，影响了孩子的判断力和价值观。

就像丫丫输了一次比赛，全家人立刻围上去各种哄逗、安抚，家长在说这些话、做这些事情的同时，也就剥夺了孩子体验挫折的机会，孩子自然不可能从失败中总结经验；相反，家长的过度干预还制造了紧张的氛围，直接影响了两个孩子的关系，丫丫会觉得失败是一件大事，大家很关注这件事，甚至因为人越聚越多而感觉丢脸，哭的更厉害，心情更沮丧，同时丫丫相信哭泣能解决问题博得同情，以后继续以此方式来引起长辈的关注、以求长辈出面替她解决问题。

这倒让我想起丫丫小的时候，每次摔倒或磕着碰着哇哇大哭时，奶奶都会狠狠打几下桌椅，边打边骂："让你绊倒丫丫！打你打你！看你以后还敢欺负丫丫！"一直打到丫丫破涕为笑。这种举动将孩子摔倒的责任推给了无辜的桌椅，长此以往，孩子碰到挫折时就习惯了不去面对或推卸责任。

同样的事情，兜兜绊倒了也会疼得哭，我会过去扶起兜兜，让她仔细看看周围的环境物品："记住哦,这个桌角很尖,碰一下很疼,以后跑的时候绕开这里;那个椅子是实木的很坚固,你摸摸看,碰到它你自己头上起一个大包,它会怎么样?以后你应该怎么做?"

药方:让孩子独立思考、勇敢担当

在成长中,除了让孩子自己的事情自己做,培养孩子独立的动手能力,家长还要注意不去代替孩子思考、判断,家长过度干预才是孩子自信心的最大杀手。比如,在辅导孩子做作业、陪孩子做游戏的时候,很多家长会一眼看出孩子思路错了,没等孩子做完就迫不及待纠正:"你这样做不对,应该……"一次次给孩子潜在的心理暗示:你怎么能犯这种错误!

其实,允许孩子失败,也是对孩子能够成功的一种信任。孩子不惧怕失败,就不会在失败真正降临时介怀地不能自拔。从丫丫的哭泣看出这些年来整个家庭对她过度地关心、保护、干涉,他们形成一个金钟罩为丫丫遮风挡雨,而这种自上而下的紧张氛围让她盲目地自信,一旦走进学校,或者仅仅是家里来了一个比她强的孩子,她对赢的期望值瞬间被击碎时,自信心自然而然土崩瓦解,产生挫败感和消极情绪。

生活中,长辈常为孩子的错误和失败担心、着急,害怕孩子下次再犯,有时就忍不住地警告孩子:"你到底要这样失败多少次?"可是父母是否想到,给孩子"不许失败"的压力,孩子的心理负担会更重,情绪也会一直处于紧张状态,不但不能够从失败的状态中走出来,甚至更糟。因此,我们应给孩子创造一个轻松的心理氛围。

孩子做错事或者失败了,因为害羞害怕或为了逃避处罚,会有意识地为自己开脱责任,甚至大哭大闹或"死不认账"。考不好说"这次题太难了,全班都考得不好"或者"老师批错了",犯错误说"是×××出的主意,我只是听他的才这样做"……

这种现象除了表明孩子还没勇气承认错误、面对自己的不足,其实也表示孩子已经意识到自己存在缺点、有行为的错误,只是需要成人给予鼓励和诱导,而不是责罚和打骂，相信每一个孩子确定长辈的态度积极、预知可能的后果并不严重之后，他是愿意接受现实，能够勇敢承担的。

试想，如果孩子老实把自己的缺点错误告诉长辈，得到的是粗暴的责罚和打骂，而不是晓之以情、动之以理说服教育；相反，哭闹和"拒不认账"反而使他免受责罚、博得同情蒙混过关，两相对比之后，是不是"说谎""推卸责任"也就成为"情理之中"最佳选择了？

因此，这种类型的哭闹、说谎实质上是孩子自卫的一种措施。

同理，孩子失败时，父母也不应以怜悯的态度来对待他，或者陪孩子唉声叹气、怨天尤人，正确的方法是让孩子明白，失败是人人都可能碰到的，不是什么大不了的事，勇敢、聪明的人应该从失败中吸取教训，继续努力。

曾有一个同事质问我："为什么你学历不如我高，资历不如我老，加班不如我多，领导却器重你？"

是啊，为什么？我去向领导求解，老人家笑了："因为你心态比她好！这个社会上能人很多，但是不争不抢中庸的人不多，一个部门要全都是能人会怎么样？不得安宁。所以我更需要心态好的人。"

说到这里，大家应该明白了，我就是那匹一直战败的赛马春丽，我没有赢得任何一场比赛，但是我也没有错过任何一场比赛，因为我乐在过程的参与而非终点的那一根红线。

为孩子交友撒点经济学的料

昨晚给兜兜讲了一个关于互助的故事：

地狱里放着一锅肉汤，一群人围着肉汤，每个人手里都拿着一把可以够到锅子的汤匙，但是汤匙的柄都比他们的手臂长，没有办法把东西送进嘴里。

"天哪，这可怎么办？！"

他们一个个面黄肌瘦，饥饿万分，充满绝望和悲苦。

天堂里也放着一锅肉汤，一群人围着肉汤，每个人手里都拿着一把长过手臂的汤匙。可是他们有说有笑，一个个红光满面，快乐而幸福。

一样的肉汤，一样的长柄汤匙，为什么地狱里的人们那么痛苦，而天堂里的人们那么快乐呢？

原因其实很简单：地狱里的人们只想用长柄汤匙喂自己，而天堂里的人们却想用长柄汤匙喂别人。

兜兜反问："如果我喂了别人，而她自己吃饱之后就走了，不喂我怎么办？那我不就饿死了？"

哦,这个话题我还没有想过,本来夜谈的内容是无偿"互助",现在却180°转向为付出与回报的经济学问题。

我问兜兜怎么会有此言论?

兜兜说:"田田答应只要我带饼干给她,她就跟我玩,结果我带了五块饼干给她,她吃了饼干却没有跟我玩儿。"

孩子交友问题管还是不管?

这倒让我想起了经济学家争论"看不见的手"与"看得见的手"如何运用的命题:

"看不见的手"是通过完全市场竞争模式,不需要政府干预达到最终的供需平衡,按照这个理论,孩子交友不需要家长管,让孩子自由竞争、在无数次磨合摸索后总会平衡,可是市场调节有滞后性、盲目性,需要相当长的过程,以及付出较为惨重的代价。

所以,我们不妨把"看得见的手"和"看不见的手"双剑合璧、联合运用。家长宏观调控,孩子市场竞争。通过此事我告诉兜兜几个交友的道理:

1. 世界不是公平的,生活不是交易,不是你付出就一定有相应的收获,不是你期待的样子。因此,你需要降低你的期望值。

2. 友情不是物质金钱可以买到的,如果田田收了东西跟你玩儿,只能证明她诚实守信用,是一个值得交往的人,并不能证明她是你的朋友。友情是岁月的积淀,一见钟情未必真实,昙花一现也不必伤感。

3. 要注意分散投资,五块饼干给一个人,她不理你,你就有百分百挫败感;她理你,你只有一个交朋友的机会和成功概率。但是如果你把五块饼干分别给五个不同的人,即便有四个不守信的人,你还拥有百分之二十成就感,而五个人同时不守信用的概率非常小。

说到这里兜兜忽然从口袋掏出一个笔帽,开心地说:"对了!我口袋里剩下一小块碎掉的饼干,从给田田的饼干袋子里漏出来的,七班一个小女孩看到了，愿意用这个笔帽跟我换。我们就成交了！"

我继续，所以说：

4. 永远记得给自己留有余地，不要试图风险投资、涸泽而渔，你永远不知道下一步会遇到什么突发事件，因此，要留一条退路。如果七班女孩拿着笔帽过来时你已经把饼干全部给田田，你会不会后悔失去了一次真正的机遇？

5. 有些人得到再多也不满足，有些人只需要一点点。每个人底线不一样，你交朋友之初就必须考虑你的底线，你能对朋友付出多少？这些是否可以满足他？如果不可以就放弃这个朋友毫不可惜。

之后，兜兜带去五块悠哈巧克力夹心糖，按妈妈所说，分给五个朋友，有了五种可能的排列组合……

企业运营如此：资金如何运作才能保证资产负债率、投资收益率等关键性绩效考核指标同步趋利？投资前需要全面、系统的预测，运营中需要及时在线的诊断分析、一个运营周期结束需要后续投入产出比判断。孩子的相处亦是如此，我们不妨给孩子的生活加点儿经济学的料。

孩子，你必须习惯无人欣赏

　　下午的活动主题是自我认同。我不一样，这次要求我和兜兜相互赞扬，可是我却发现，我的每一句赞扬兜兜都能欣然接受，但是该兜兜赞扬我的时候，她想不出任何一个词，为什么呢？我觉得现在的孩子并不缺乏自我认同，相反，他们缺乏的是对他人的认同。

　　60后、70后因为时代原因可能会注重批评与自我批评，缺乏自我认同感，80后、90后开始逐步弘扬个性，到00后他们这一代一出生就众星捧月，咱们当父母的真是举着家教书照书养孩子，什么赏识教育、自信培养做得非常充分，孩子并不缺乏自我认同，相反，他们缺乏的是对他人的认同，或者说在一个集体中宽容别人求同存异的能力。

　　这一周兜兜学校组织绑腿跑比赛，24个人为一队，每相邻两人的腿绑在一起，所有人都没办法单独行动，必须依靠团结协作才能完成比赛，很容易摔跤对不对？果然，他们班在比赛中就摔倒了！为什么？因为每个孩子步伐不一样。在一个团队里，每个人都想有自我存在感、自我表现，都想快跑赢得比赛，虽然初衷是好的，想为班级贡献自己的力量，但是孩子们却忽视了他人的步伐，整个团队步调不一致，这就是失败的原因。他们没有为了配合别人的步伐而调整自己的节奏，或者说是为了整个团队降低自我价值。

就像我们常常说婚姻是两只刺猬取暖，需要各自拔掉一半的刺，没错，现在为什么离婚率那么高呢？因为我们都仅仅学会了自我认同，没有求同存异拔掉自己一半的刺！

这三年时间我做儿童阅读推广，包括自己写书，带着兜兜参加了无数次电台、电视台、网络、现场活动，以往参加各类活动都是我和兜兜做主角，随着经验的丰富，游刃有余的兜兜自我认同感日益增强。

但是这两周我带兜兜参加活动就只是作为普普通通的报名者坐在台下静心地聆听，看她与其他小伙伴一起协作完成功课。

我带兜兜虽然听的是自我认同的课程，但我的目的恰恰相反！我是为了让兜兜放空自己，认同他人而来。

毕竟这一生出人头地的成功者、佼佼者甚少，大部分人要平淡度过一生，我希望兜兜也享受现在的状态，习惯无人欣赏，安心在一旁默默观察欣赏他人。

宝贝，妈妈在你的眼中，你在妈妈的心里

两岁半的兜兜不愿意进幼儿园。

妈妈蹲下来轻抚着兜兜的小脸蛋："你看，你看，妈妈的眼睛！"

兜兜好奇地凝视许久。

"看到什么？"

"兜兜！"

"对啊！对啊！妈妈已经把你印在眼睛里了！快来，让妈妈也看看兜兜的眼睛！"妈妈兴奋地晃动着兜兜的小手。

兜兜忽闪着长长睫毛的大眼睛，如同春日里山涧的一泓清泉。

"嗨！我看到自己了！"妈妈向兜兜眼中的自己挥挥手，打个招呼，"你好！记得替我照顾好兜兜哦！我要去上班了，兜兜睡醒午觉就来接她！这段时间一定要让兜兜开心哦！"

兜兜将信将疑。

妈妈用双手比画成照相机的样子，在眼前"咔嚓、咔嚓"然后信心十足地说：

"好啦！妈妈已经像照片一样留在你的眼中了！不管妈妈走多远，都可以看到兜兜在吃什么早餐？和哪个小朋友手拉手？上课学了什么数字？你也可以看到妈妈在跟谁开会，有没有受表扬戴小红花哦！"

兜兜在园长奶奶的怀抱里安安静静地进了教室。

兜兜，你相信吗？心里装着什么，眼里就看到什么。

去年阳春，我大腹便便地到学校接兜兜放学。

然然看得目瞪口呆，掐着腰站在操场怒吼："兜兜，你妈妈怀孕这么大的事儿，你竟然不告诉我！"

兜兜懵懂地望着涨红脸的然然。

然然忿然作色："你……你……还当我是好朋友吗？！"

兜兜，你知道吗？心里在意什么，眼睛才会发现什么。

转转在大家的期盼中降临。

放学时，乐乐拉着我的衣襟："阿姨，转转大眼睛、长睫毛、白白胖胖的真可爱！我们都很喜欢她！"

"你在路上见到转转了吗？"我受宠若惊。

"我们都是听兜兜描述的，她说得很详细，我们就像见过一样！真想抱抱转转！"

"阿姨，我们能一起去你家看小宝宝吗？"

当转转的眼眸中挤满纷至沓来的笑脸，她一定不知道：

姐姐的心有多牵念，眼里的你就有多完美。

我们是在用眼睛发现世界吗？

还是用心在洞悉一切？

eye to eye

——爱通爱

第六章

对老师

"无为"是对孩子履行修缮义务

——品《淮南子》悟育儿经

从最初的"让孩子赢在起跑线上"到近两年"慢养孩子静待花开",家庭教育始终没有被辩证地看待,一味跟随商家的宣传动荡,争与不争的理念从右倾到左倾让父母迷茫,在现实中我们应该无为而治还是励精图治?

众说纷纭中我也曾纠结迷茫,兜兜身体状况不佳,一周最多有三天能在学校,面对病怏怏的孩子,我想给她更多的自由欢乐,可是看着一年级的小兜兜就考出来7分的卷子,我还能淡定得了吗?

数学老师说:"你闺女社会阅历少,连人民币都认不全,还是回家补补吧!"

我摆出各种面值的钞票,压低声音耐着性子教她如何兑换,可是兜兜趾高气扬地说:"妈妈,我为什么要学这些?买东西可以刷卡啊!"

丹尼作为私教每天都在兜兜耳边念叨:"Selina,遵从自己的心,做你真正喜欢的事情!"

"哦,不!丹尼!"我忍不住打断他,"也许在美国你们更强调发展自身强项，但是在中国，我们强调 balance，平衡的木桶原理，只遵从自己的心是不可以的！"

"Why not？每个人都愿在自己感兴趣的事情上付出更多精力，只有自己的选择才能心甘情愿去做，所谓专注力也正因为这样才能形成，谁会讨厌一件事情又专注于此？"丹尼的话不无道理。

"Yeah I see，但是兜兜的数学不好，他不喜欢数学，只喜欢美术，她上数学课都在画画，考试却要数学成绩。"

我和丹尼针尖对麦芒的时候，兜兜还是聚精会神地趴在桌上画着，不能说兜兜表现得若无其事，兜兜是真的沉浸在自己的世界里，安静凝神地画着自己的图画，没有听到周围任何一丁点儿不和谐的声音。

"我不认为 Selina 数学不好！相反，Selina is so smart！她数学一定很好！你有没有注意看她画的图形？这幅画既是左右而或上下的轴对称图形，同时又是中心对称图形！"

这是第一次，有一个人看到兜兜在废纸上涂鸦却没有随手扔掉；第一次，有一个欣赏者真真正正读懂她的画并尊重了她的灵魂。

丹尼继续解释："我说的做她喜欢的事情，不是说只画画，放弃她不喜欢的其他，而是说，所有的事情喜欢还是不喜欢都要看如何引导，每一门学科都可以跟她喜欢的美术相结合，让她有兴趣。这样的过程你明白吗？首先，我们遵从孩子的兴趣——然后，孩子感兴趣，才能被吸引，才会专注专心，才有动力、有积极性跟我们学——再然后他会自己研究发现其中的奥秘，有乐趣，就不需要我们再用诱饵吸引他，可以自己有好奇心、有求知欲地自学——最后，她会突破学到的知识，去创造。你明白我的意思吗？不再是'发现'而是'发明'，不是跟着别人，而是形成自己的知识体系。那时候 Selina 不管是成为一个画家而或数学家都有可能不是吗？"

读了几十年的道家"无为而治"，也常常听说美国老师是无为的——因而美国小学生学得轻松惬意，于是我们便想当然地以为"无为"是不作为，如今再读《淮南子·第十九卷·修务训》，已经有了十五年前完全不同的心境。

1. 无为并不是不作为，而是顺应自然发展的规律、孩子成长的欲求的同时不强制，不刻意扭转

"夫地势，水东流，人必事焉，然后水潦得谷行；禾稼春生，人必加功焉，故五谷得遂长。"

江河流水都是由西向东流入大海，但这并不意味着放任自流，必须要经过人对江河的治理疏导，才能使水顺着河道向东奔流，又不至于肆虐；禾苗庄稼在春季生长发育，但不是说把种子撒在地里就不再管理，任其自生自灭，必须要人为地加以耕耘管理，到秋天五谷才能丰收。

孩子也是一样，都要经历：出生、幼儿、儿童、青少年、中年、老年的过程，我们不能越俎代庖替他操办一切，亦不能揠苗助长逾越固有的生长阶段，需要遵循孩子每一成长时期的规律去因势利导，"无为"首先是无违和的循序渐进。

兜兜喜爱美术毋庸置疑，在她绘画时我们去夺过纸笔，命令她专心听讲虽是对她极度负责的关爱，但也无异于将她的心血碾碎，不仅不能使她心甘情愿地听讲，还会因为强扭的瓜不甜，憎恶这个老师和学科。

丹尼的理念相似于"大禹治水：决九川距四海"的疏导、引流不是吗？你爱美术，我肯定你、支持你、尊重你的优势，首先让你心理放下戒备，易于接受我的教导和指引。

2. 规则不是一成不变的，自由也不是肆无忌惮的。教育不应拘泥于固有理念的应用，而应在实施过程中寻找出适合孩子的方式方法

"圣人之从事也，殊体而合于理，其所由异路而同归。"……"今夫救火者，汲水而趋之，或以瓮瓴，或以盆盂，其方圆锐椭不同，盛水各异，其于灭火，钧也。"

做事情的具体行为不同，但都合于事理；方法不相同，但目的结果都是一样的。就像人们去救火，提水往失火地点跑，有的人用瓮，有的用盆，工具的形状各异，提水的数量也不一样，但赶去灭火的目的是一致的，行为也都是合理的这就足够了。

教育不是非黑即白的无间道，只要我们怀有正确的目标，摸索出适合自己孩子的方式方法，并且持之以恒，又何必发愁进益速度呢？

学习的方式有很多种，纯粹地为了学习而学习，动机纯效率就一定高，效果就一定好吗？

兜兜一年级的时候因为英语背课文、默单词问题每天哭得梨花带雨，她不明白 chick 跟小鸡有什么联系？为什么小鸡的拼写不能是其他样子？

丹尼说："哦，那你为什么不画一只小鸡呢？"

兜兜一边画，丹尼一边解释："Selina 你不觉得小鸡的嘴巴像一个 K 吗？而且小鸡叫起来就是这样 chick、chick、chick……"

说到这里，丹尼把手拳成尖尖的小鸡嘴，点得兜兜痒痒的，躲闪着哈哈大笑。兜兜爱上了记单词，更因为丹尼爱上了英语这门课。

3. 不能因为本性、规律性的固有化而弱化家长引导教化的责任，更不能给孩子贴标签

"筋骨形体，所受于天，不可变。……夫马之为草驹之时，跳跃扬蹄，翘尾而走，人不能制。"……"及至围人扰之，良御教之，掩以衡扼，连以辔衔，则虽历险超堑弗敢辞。"

人或物，形体都是天生的、无法改变，但以此论证事物不能改变确是以偏概全了。当马还是马驹未加调教之时，它是扬蹄翘尾人不能控制，但人类驯服它后，就是让它经历险境、跨越壕沟，它都不会躲避。所以说，本性虽无法改变，但经过教导指引，就可以改变野性。无意识的马尚能通过调教而改变，更何况有意识的人呢？

不可以怀着"龙生龙凤生凤""三岁看大，七岁看老"的思想，对调皮捣

蛋的孩子指手画脚定性，更不应该废弛对他的关注教导，这样的做法未免太偏激。

说兜兜上课效率低、专注力差、没有时间管理能力，我不认同，与学校对比鲜明的是，兜兜跟丹尼这么久，没有一刻钟是走神的，她专注地盯着丹尼的唇形学发音，中英文混杂地跟丹尼热聊两个人的家乡。

我问兜兜："你为什么喜欢丹尼讲课？"

兜兜："因为他讲得有意思。"

"你能像尊重丹尼一样尊重其他人吗？"

"他们尊重我了吗？"

教之于师，学之于子都是一样的，只是生活的一个过程，在过程中我们注重个人感受，更要尊重对方的感受。"他们撕了我的画！那是我的心血！而且他们让我在那么多人面前没有面子！"兜兜的观点代表了大部分叛逆孩子的心声，他不是不喜欢学习，不是对某一学科有偏见，更不是愚钝笨拙，只是单纯地缺乏引导，或没有得到适合他的教导。

4. 成长成才受制于环境与氛围的影响，正能量的气场不足，说教也于事无补

"今使人生于辟陋之国，长于穷檐漏室之下，长无兄弟，少无父母，目未尝见礼节，耳未尝闻先古，独守专室而不出门，使其性虽不愚，然其知者必寡矣。"

如果让一个人生在偏僻落后的地方，失去父母，没学过礼节，独自困守在破烂的小屋里，这样即使他天性并不愚笨，但他所知道的事情必少得可怜。

要说"静待花开"也应看看种植的时节温度、养花的土壤湿度、植株的病虫情况，仅仅是消极而"待"，无异于守株待兔，空守不得反遭人诟病。

很幸运，兜兜遇到丹尼，好像良骥遇到了伯乐，他给兜兜宽广的空间去驰骋。丹尼以美术为线，串联起兜兜的每一课，恰到好处地灌溉激发了兜兜的兴趣，从此，学习成了兜兜最主动积极的事情。

兜兜说："我一定要学好英语去美国！我要看一下丹尼的家乡是不是真的

每棵树上都有松鼠，是不是每个人都像丹尼一样好……"

重温"修务训""无为"已从仁和升为尊重，尊重孩子的天性，充分信赖孩子的能力和发展潜力，放手让孩子自己去试、去学习、去探索、去发现，甚至去破坏，哪怕他会失败会犯错误也不要紧，因为他会从这些失败和错误中学到很多东西，老师和家长要做的，就是给孩子创造必要条件，并对孩子履行修缮的义务，仅此而已。

别让表扬捧杀了孩子的天分

兜兜从小就喜欢美术，为了不辜负这份上天赐予的天分，我也是下了狠心、花了重金，从兜兜六岁起便让她跟随一位大学国画老师、知名的山水画家一对一学习国画。而今，三年过去了，兜兜的美术毫无长进，不仅画不出一副像样的国画，就连自己最拿手的儿童画、卡通漫画也大不如前。

近两个月来，兜兜嘟囔了很多次："妈妈，我不想再去学国画了，什么都学不会，还把我以前会画的全都忘记了，我不适合画画。"

为什么会这样？每次下课，老师都极力向我展示兜兜的画作，对兜兜的态度、表现大加赞赏，怎么老师口中的好孩子，却没有被溢美之词激励，相反，沮丧至极。问题到底出在哪里？名家为什么带不出名徒？

正巧这周跟朋友聊天说到这个话题，他的童年有一段与兜兜非常类似的经历，在闲谈过程中，我仔细捋顺兜兜三年的学习过程，发现：在一个课堂，最重要的不是老师的技能多么精湛，亦不是孩子的天分多么超群，最重要的是两个人的契合度！也就是说老师的教诲有没有恰到好处地点醒孩子的盲区，孩子是否被赋予了思考的激情。

1. 给孩子有质量的教育，而不仅仅是时间

朋友说："当初我学画的时候老师就觉得这么简单的画还用教吗？给我画一幅样图就走了，让我自己一节课都比着这个小样描。"

"嗯！兜兜的老师也是这样！每次行云流水地画出一幅样图，不出五分钟就让兜兜自己比着画，一张不会就自己摸索两张，两张不行画三张，而作为老师的他坐在一边拿 iPad 玩儿游戏。没有人告诉过兜兜她画得不好差异在哪里？笔墨的起程转折、浓淡干湿如何运用？构图如何留白又充实？哪些是一笔带过，哪些又需要重点渲染？以至于三年了兜兜的花鸟仍旧是湿答答的一片不得要领，或者模仿的有模有样，却毫无情趣、创意在里边。"

问题出在哪里一目了然，老师给了兜兜足够的时间，却没有给予画龙点睛的指点。就像我们生活中，越来越多的家长意识到要多花些时间陪伴孩子，有些父母甚至推掉了应酬，腾出时间在家陪孩子，可是整个陪伴过程却是"身在曹营心在汉"，家长自己看电视、玩儿手机，却要求孩子在一边好好做作业，注意力不在，陪伴的质量可想而知。

2. 鼓励和表扬的作用不可同日而语

每次下课，国画老师举着兜兜画作向我夸耀这一个半小时的成果，"兜兜很有天赋，一学就会！"我都不以为然。因为我早已看出表扬背后的端倪。

回到家我指着荷花下几根水草问："兜兜，这几根水草是老师画的吧？"

兜兜很诧异："你怎么知道？"

"妈妈学了十年的国画，虽然结婚后再也不曾拿笔，手艺废了，但是还能轻易看得出整幅画只有这一处点睛之笔，而这几根错落有致的水草没有五年八年的功底画不出来。"

兜兜说："水草是老师最后加上的。"

就这寥寥数笔整幅画有了灵气，老师对家长也有了表扬孩子的资本，让家长有了进一步投入的信念，但是这虚伪的表扬却没有给孩子一丁点实质性的激励，孩子变得思维懒惰、毫无斗志，每次仅需要照猫画虎，反正等最后老师的神来之笔锦上添花就可以了，于是，学业毫无起色，学习欲望也日渐颓废。

表扬与鼓励有天壤之别，表扬对前期已完结事项的总结，而鼓励对进行中的过程予以展望引导。孩子不需要对天分的表扬，这只会让他懒惰脆弱、经不起磨炼；老师与家长真正应该给予孩子的是对其行为、精神、态度的鼓励与认可。

理顺了兜兜绘画学习中的误区，我按朋友的推荐给兜兜换了一个新的老师，暂且放下国画，从最基础的写生学起。

周六插班进入追梦考拉画室，班里10个孩子年龄在6—11岁之间，大多已经跟随乔老师学习了一年，兜兜初来乍到，却赶上写生山地自行车，我真替兜兜捏一把汗。

3. 教育首先是培养一种心境

乔老师并没有一笔一画地教孩子们画自行车，一上课，她先说一句："选一只自己用着舒服的笔，笔头不用很尖……"

"舒服"这个词以前的老师从来没有跟兜兜说过，原来绘画首先是让自己感觉舒服、不拘束，然后才会有一幅舒展的作品。

孩子们各自选择了心仪的纸笔，歪着小脑袋迫不及待地等着乔老师的讲解。

"乔老板！我们准备好了！"一节课从这样欢快、融洽的氛围中开始真的让拘谨的兜兜释然许多。

4. 形成启发思考互动式的师生关系

在写生创作的初期，孩子往往会因为观察、概括等种种技能的欠缺而无从下手，丧失写生信心。更何况兜兜的第一节课就不是零基础班的花瓶、盒子，而是一辆山地车？看着兜兜无所适从地蹙着眉头，我都忍不住坐立不安起来。

乔老师让孩子们把两只手框成一个长方形的镜头，告诉孩子们仔细观察，相信自己的眼睛，因为每个人的位置不同、角度不一，看事物的形状、细节也千差万别。她只用五笔，画一个三角形下方两个圆圈，自行车的框架就搭好了！刚才还盯着自行车一筹莫展的孩子们恍然大悟：原来画自行车可以这么简单！

乔老师没有给孩子画完整的样图让孩子临摹，只是适度引导孩子们学会构图，抓住物体的大致轮廓和突出的特征来表现，然后再逐笔添加描绘细节。

孩子们跃跃欲试起来。

5. 鼓励、认可、培养孩子的个性

看老师画得很简单，孩子们一抬笔又开始喊："乔老板，有没有尺子和圆规！我的横梁画不直，轮子也画不圆啊！"

"没关系，你尽力去画，画成什么样就是什么样，要是每个人都画得一模一样那我们还不如拍照片呢，为什么要画呢？就是要画得不一样，是你眼中的、你笔下的自行车。怎么画车轮你们可以自己创作、自己尝试一下啊！"

乔老师没有说一句"要画得像"，一直在鼓励孩子们自由创作、自由表达、自由探索，没有固化的标准，孩子们反而更加有了兴趣、观察更加仔细主动。

围着孩子们转了一圈，我发现有的画粗犷简约，有的画细腻精致，一如它们的作者有的安静，有的活泼。孩子们大胆地挥洒着个性与感受，自我意识多元化地跃然纸上。

兜兜非常开心，第一次没有人让她反复临摹删改，可以独创，加进去自己的想象和感受！

6. 正确评价幼儿作品，找到每个孩子的闪光点

一节课时间如白驹过隙，最后十分钟，乔老师对每个孩子的作品进行了热情洋溢的点评，没有哪一个孩子是完美无瑕的，也没有哪一幅画一无可取，每个孩子都得到最积极性的评价、享受到成功的乐趣，燃烧起对美术的热情。兜兜的专注力、观察力是大家有目共睹的优势，因而细节表现力得到极大认可，也许是长期受到临摹的毒害，兜兜的胆子变小了，创新意识被压制不敢发挥。

　　这节课带给兜兜久违的惊喜与惬意，她的绘画思维一下子打开了，她能够怀揣着豁然开朗的心境去发现、去尝试、去表现自己，我亦愿意蹲下身子欣赏孩子的创作，用赏识的眼光去感受它的真实、自然、可爱。

　　感谢乔老师，让孩子们在美术的乐园里愉快茁壮地成长，虽然您会说，您没有做什么特别的，但是我想说，孩子需要的就是这份自然。

孩子乐于助人是多管闲事吗？

昨天兜兜在学校遇到一件事情百思不得其解，闷闷不乐地回家问妈妈："上课的时候老师让大家坐好，可是我同桌还在回头说话，我怕他表现不好会影响全组的成绩，给我们小组扣分，就伸手拍他，可是老师不但没有说他，反而把我痛骂一顿，骂得非常难听，骂了很长时间，让我很丢脸很没面子，这样反而成了我多管闲事，我给全组拖后腿扣了分！妈妈，我是想帮助别人的，为什么大家都说我是多管闲事？"

1. 乐于助人与多管闲事是"度"的问题

个人认为，这两者并没有冲突。乐于助人是我们中华民族的传统美德，既然是美德，就没有可怀疑的地方，就应该被我们传承和发扬。毕竟，每个人都需要他人的帮助，也有义务去助人，但是乐于助人是当他人有需要时，你给予了帮助；多管闲事是人家不需要你帮助，你也去瞎帮，甚至是帮倒忙。

该不该帮？该怎么去帮？因为孩子能力有限，很难自己界定清楚，所以成年人干脆规定孩子"管好你自己再说！别管别人！"不许助人，是一个对规避风险很省心的办法，但却扼杀了孩子单纯善良的心境，让孩子过早接受"扶不扶"这个冷漠的社会现状。

因此，孩子该怎么做，需要家长和老师及时的引导，教会孩子对助人为乐与多管闲事"度"的把握，而不是一刀切、一言堂地全盘否定。教书育人怎能嫌麻烦？怎能只教书而不育人？

2. 有余力的时候去帮助他人，助人不意味着要不顾一切地牺牲自己，应该是帮助他人带来双方的愉悦与自身价值体现的享受

虽然老师做法欠妥，但是我不能在孩子面前说老师半句不是，所以，我给兜兜举了这样一个例子："你和同学，就像家里的茶壶和茶杯，你必须自己腹中有水，才能去灌溉别人，如果你自己都是空空如也，你能给予别人什么帮助？别人对你也是一样，一个没有余力、自身难保的人，难以去助人。所以现阶段你应该先充盈自己的能力，你强大了才能够更好地帮助别人。"

3. 人是有社会性的，因而互助是群体生存的一种必然选择。所以，鼓励孩子乐于助人是必修课，并且，这门社会学科不应该仅仅停留在纸上谈兵的阶段，而要让孩子们有机会去实践

成年人应当给孩子创造环境，让孩子享受助人的快乐，并且给予正向积极的反馈，也许一开始孩子不得要领，会出现多管闲事的不如意，但是通过自身逐步的摸索与成人适当的引导，相信他们会迅速成长。不要一开始就打击孩子的积极性，让孩子只感受到助人的风险，成人的冷言冷语会浇灭孩子一腔热忱，做事谨慎可以，但是冷漠不是我们想要的结果。

一个人的潜质、能力都有大小，但是助人为乐却没有大小，社会延续千万年，历史就成为人品的"展台"，助人为乐者也许在一城一地的得失上看是吃亏了，是不值得，是《扶不扶》的郝建被冤枉，但就是这群"多管闲事"的人一点点推进了社会的发展，维护着社会最起码的道德底线不是吗？

　　如果下一次，再看到孩子"多管闲事"，不愿鼓掌的你，请不要急于否定，先给他一个微笑吧！

应该鼓励孩子互相揭发吗？

前几天，同事问我一个问题："我儿子幼儿园的老师让孩子们互相揭发这样合适吗？"

具体事情是这样的：在月度总评之前，老师让每个孩子数一下自己这个月所得的星星（星星是对表现好的孩子实行的一种奖励，表现好，一次奖励一颗五角星，星星越多孩子的积分越多、本月表现越好）。老师说：每个孩子数一下自己有多少，填到积分栏，然后同学们可以再互相数，发现有同学给自己多数了星星，那么数错的同学扣掉这几颗星星，揭发者获得同等数量的星星。例如：小A数的自己是50颗星星，小B发现A只有47颗星星，那么小A的总分按照47计，小B在自己的成绩上+3。

同事说："我儿子已经揭发了三个同学，自己加上7颗星星了，这还加上瘾了，回家说他明天要继续去给同学数星星。"

我问："你们一家人什么态度？"

同事说："孩子的爸爸说，不能干这样的事，幼儿园这不是发动群众斗群众吗？这样多得罪人啊！孩子的爷爷奶奶说，老师说了就得执行，不能6岁就教育孩子不听老师的话！"

我说："能不能让孩子数完后直截了当地告诉那个数错的同学，他数错了，让他改过来？这样既是按照老师说的找出别人的错误，又用了宽容的方式帮别人解决了问题，也许数错的孩子并不是为了赢积分，只是单纯地数错了呢？"

同事说："不行啊，我儿子不愿意，这样他觉得吃亏了，自己就得不到那些星星了，他不为了多得几颗星星还能费那么大劲儿给别人检查错误？"

其实，不论是幼儿园还是小学，班里都有几个喜欢到老师那里打小报告、揭发同学的"小眼线""小监督员"，老师支持孩子的"通风报信"，因为有了这些人的监督，老师会更迅速地了解到孩子们之间的状况，及时处理孩子们之间的纠纷，或者评判孩子们品行成绩。

"老师，×××刚才打人了！"

"老师，×××没有吃鸡蛋，他偷偷扔到垃圾桶了！"

"老师，×××考试的时候抄了同桌的！"

……

要是在幼儿园或者小学里受了欺负，大多数小孩都会说"我去告老师！"然后雄赳赳、气昂昂抱着必胜的信念跑进办公室，可是非常有趣的是过了青春期、上了中学，孩子们就基本上不会有这样的行为了，为什么当我们是小孩时就那么爱告状呢？告状的孩子无非是以下七种心理：

1. 寻求帮助。孩子自身能力所限，无法独自处理与同伴之间的纠纷，被人欺负后，想寻求大人的支持、保护。

2. 希望得到认可。听到大人对自己的行为判断作出肯定，给自己贴上"好孩子"的标签。

3. 免于责罚。有些孩子是和同伴一起做了坏事，胆小怕事情败露，于是提前"叛变"揭发同伴，以求坦白从宽或者与自己划清界限。

4. 宣泄情绪、告知。有的时候孩子仅仅是与同伴发生了矛盾，或自感委屈，为宣泄情绪，而向成人告状，这种所谓的小报告不过是一种倾诉，而非实际意义的揭发、告发。

5. 向同伴示威，建立一种"优越感"或威慑力。正如儿童心理学家杰瑞·维科夫说的："打小报告使得一个孩子能占据上风，至少能在父母或老师面前获得了有利地位。"有的孩子喜欢通过向老师打小报告以此向对手示威，使观点对立一方的同学陷入困境、被老师否定，以此证明自己的观点正确，从而震慑与他对抗的同学，给自己树立团队的优越感或者权威性，让自己的言行更具威慑力，提升自己在集体中的威信。

6. 得到奖赏。很多孩子费尽心思监督揭发他人并不是为了学雷锋做好事，只是像我前边讲的同事的儿子一样，得到实惠，他们和同伴没有矛盾，也不是为了讨好成年人，很单纯地是为了自身利益。

7. "吸引注意"追求自我表现。小孩子总是希望有些令成年人刮目相看的作为，更何况是在他们心中权威——老师的面前，他们自认为提供的"情报"很有价值，因此获得"成就感"。

其实孩子揭发他人、打小报告有一个积极意义：它透露出孩子表达自己立场的欲望——孩子明白了规则的含义并且能够以此规范言行、约束他人、明辨是非。

只是限于这一年龄段的孩子社交技能以及处理冲突的能力不足，所以他们除了做告密者还没有更完美的解决问题的办法。

作为家长，或者老师应该如何处理孩子的告密行为？

1. 明确教育目标，不鼓励揭发行为

首先要明确教育的最终目的不是只让孩子乖乖听话，而是要把他们培养成心理健康、人格独立、团队协作的社会人，现在教孩子依靠揭发别人来成全自己，将对孩子价值观的形成产生扭曲。"鼓励揭发"会不会让孩子怀疑友情的可信度？那些享受过揭发的好处，靠出卖朋友获得奖赏的孩子一旦踏入社会，难保

不会把别人当垫脚石、踩着他人肩膀往上爬，这无论对其个人还是对整个社会，都将是极大的不幸。正如毕姥爷的酒桌门，我们看到一个公众人物不当言谈同时，更关注的是揭发者的人性。

如果告密者也觉得他言谈不得体，为什么不指出制止，而是录像诉至于网络？正如本文开头的故事，为什么老师鼓励孩子相互揭发，而不是双方友好地正面提醒？鼓励告密将使人性之善被压抑、相互的信任度与集体的融合度降低。因此，无论如何，请不要将鼓励揭发应用到对孩子的教育中去。

2. 教育孩子正面解决问题的方法，而不是背后揭发

孩子们一起玩耍、相处时总会有争吵和矛盾，当孩子不假思索地向成人（家长或老师）告状时，不要讲一番大道理或者提供解决方法，要允许孩子表达自己的感情，让孩子感觉自己得到理解的同时引导孩子学会自己面对冲突、寻求解决问题的办法，减少孩子对对方的抨击或伤害，使其依靠自己的力量化解与同伴相处时产生的矛盾；并多鼓励孩子们和睦相处、相互谦让，减少摩擦和打小报告的行为。

面对那些打小报告的孩子，我们不能武断地以对错论处，既不能打击也不能责怪，正确的引导很重要。

3. 不使用赏惩，了解原因后区别对待孩子的告状行为

家长在处理孩子由于纠纷而发生打小报告的行为时，如果打小报告的行为动机是单纯宣泄、寻求帮助无功利色彩，老师和家长可以经过调解温和地解决，切忌表扬告密者，甚至因为告密者的一面之词就惩罚另一个孩子，这样会给孩子误导。孩子会在赏罚之中趋利避害，更加确信揭发是正确的做法。

4. 提高告密成本，成人不为告密行为提供土壤

当孩子告状时，老师和家长不应流露出重视或赞许的态度，不应让孩子感到默许与鼓励，应该关注孩子这样做的需求、目的，同时让他知晓你不希望他继续这种揭发、打小报告的行为。

如果有孩子给老师揭发："×××打人了！"

老师完全可以反问："这样可不好，你应该去制止他不是吗？"

同时，要想制止孩子因功利目的而打小报告的行为，老师与家长需要调整自身的教育方式，甚至是自己的日常生活、表达方式。另外，父母若在日常交流中常批评邻居、同事，或亲友关系紧张充满纷争，孩子潜移默化中就吸纳了父母的行为方式和习惯，这一点是家长们尤其该注意和避免的。

打小报告、揭发、告密从根源来说是社会制度、规则与个人道德的直接碰撞，如果我们提倡的、鼓励的是个人道德提升，那么引导犯错的孩子主动承认错误，是不是更优于依赖奖惩制度的互相揭发？

提升专注力，只需将问题转化成技能！

兜兜刚上学的第一周班主任就找到我，各种控诉兜兜注意力不集中，没等到我焦虑追问，班主任就像竹筒倒豆子和盘托出了诸如：上课走神、交头接耳、做小动作、在课本上画小人等劣迹。

最后老师补充说："今年，我们学校和××大学合作成立了一个专注力训练营，每周一节，你看是不是给兜兜报上？"

我和绝大多数妈妈一样确信我的孩子没有心理障碍或者其他精神方面的疾病，我在脑子里千百遍唾弃这群举着三流大学旗号圈钱的人，却最终把脏话咽回肚子里，很优雅地对老师挤出一个微笑："不用了，谢谢。"

我相信每一个健康的孩子生来就具备足量的资源，他们能够克服自己的困难，能够自己解决自己的问题，我们作为家长的职责不是给他们根治病因！不是解决他们的问题！而是欣赏他们的天赋，挖掘孩子的潜能！

回到家，兜兜已经写完作业、预习完新课，自己抱着 iPad 蜷在沙发里，看着这个玩儿起游戏专注力绝杀的长腿大美女，我一丁点儿都发不起脾气来，抚摸着兜兜的长发,我感叹道:"兜兜,你上课的时候要是能像现在这么专心就好了。"

你猜兜兜怎样呢?

人家压根儿没听见!没听见!这还是我凑在她耳边,抚摸着她的头发!!!

看到没?孩子根本就不缺乏专注力!他们天生就有持久的专注力!他们可以沉浸在自己的世界里完全忽略外物,甚至达到忘我的境地!

赘述一下,通常注意力不集中由几方面原因形成:

A:生理原因——由于孩子大脑发育不完善,神经系统兴奋和抑制过程发展不平衡,故而自制能力差。这是正常的,只要教养得法,随着年龄的增长,绝大多数孩子能做到注意力集中。

B:病理原因——儿童存在轻微脑组织损害、脑内神经递质代谢异常,另外,有听觉或视觉障碍的孩子也会被误以为充耳不闻,不注意听或视若无睹。这些情况需要得到专科医师指导下的治疗才能改善。

C:环境原因——许多糖果、含咖啡因的饮料或掺有人工色素、添加剂、防腐剂的食物,会刺激孩子的情绪,影响专心度。此外,孩子的学习环境混乱、嘈杂、干扰过多也会影响孩子的注意力。

D:家长教育方式——家长可从这几方面自查:①父母教养态度是否一致?②是否太宠爱孩子,使孩子缺少行为规范?③是否为孩子买过多的玩具或书籍?④家庭生活步调是否太快令幼儿不能适应?⑤家里的活动是否太多,无法给孩子提供安静的环境?⑥学习的过程中是否积累了不愉快的经验?例如孩子程度跟不上老师家长的要求,孩子注意力不好时大人给予强化等。⑦孩子是否有情绪上的压力?是否过多地批评、数落孩子?

E:心理原因——为了引起他人注意,得到关注,或者为了逃避父母给予的过重的负担,便下意识地通过一些行为来达到目的。

在确认孩子没有病理性的注意力涣散之后,我们就没有必要忧心忡忡地给孩子们施加压力了。我们需要做的不过就是唤醒孩子与生俱来的智慧!

1. 将焦点从"问题"转化为"技能"

"兜兜,先暂停游戏,陪妈妈聊聊天好不好?"我把兜兜的 iPad 放在一边,很认真地咨询兜兜。"妈妈最近接到一个读者来信,她需要一个能帮助小朋友提高注意力的技能!可是呢,妈妈不是小朋友了,不知道你们的小脑瓜里边怎么想的啊?你能帮帮这个小朋友吗?她的妈妈很着急很需要你呢!"

"好吧!"兜兜是个乐于助人的好孩子,这一点为娘我非常欣慰。

"这个妈妈说,她的宝宝上课总是走神儿,不是做小动作,就是跟同桌说话,注意力不集中,应该是没有专注力。问我怎么训练宝宝的专注力最好,你觉得这个小朋友需要去培训吗?我告诉她,我的小兜兜做事情可专心了!专心到妈妈说话她都听不见呢!你的秘籍是什么?说出来跟大家分享一下吧?"

"其实,每个小孩儿都是有专注力的,但是要看对什么事儿,喜欢的自然就专注啰!比如玩儿 iPad,看电视,看课外书;不喜欢的……"兜兜很狡黠地斜眼看我,"妈妈,我告诉你一件事情,你不许生气啊!"

"拉钩!"

"好吧,那我告诉你吧,我上课也注意力不集中,因为老师的语速很慢,语调很平很平,跟催眠曲一样,很没意思很无聊……尤其是下午,我很困,都要睡着了,我就看看窗外,或者在书上画一个小人精神精神。"

"然后嘞?你画完发现老师讲完一大段了,你就跟不上了吧?"

"嗯,然后老师就骂我,骂得很难听,让我在同学面前很丢脸,大家都觉得我是坏孩子。"

Ok!我已经找出了兜兜在课堂专注力不高的问题所在,解决孩子现存问题的最好方法,是让孩子学会某种能够帮助自己克服这个问题的技能,而不是批评指责。

"嗯,那么你和这个读者的宝宝一样,想玩儿通关就得学新技能提升经验值啊！"

记住哦！家长说话的关键是：学习技能，而不是改正缺点、克服问题。装作若无其事，比暴跳如雷的过度关注有效！这样避免责备风暴，孩子更容易接受，双方配合度会更高。

2. 商定要达到专注力目标，他需要学习的技能，并且列出清单

"兜兜你感觉困，是不是因为晚上睡觉太少了？"

"可能是。另外还有，老师上课总是不提问我，我把手举得最高她也没有叫我！她提问的那个同学回答错了她还不让我说！总是骂我多嘴！很无聊我就不想听了。"

"那我们把需要学习的技能都列成一个清单吧！"说着我拿出即时贴逐条列示：

1. 晚上早睡觉，拥有足够睡眠。

2. 在学校学会耐心等待，直到轮到自己。

3. 发言先举手，别人发言不插嘴。

4. 尊重同学和老师。

5. 持之以恒，接受学习的无趣与挫折。

……

切记：每一项技能都是明确的"做什么"，不能是"停止做什么"，禁令对孩子收效甚微！甚至会激发孩子的叛逆之心。

3. 树立信心，让孩子坚信他有能力学会这些技能

"妈妈，最后一条是什么意思？"

"我承认数学课不会一直是很有趣的，那就需要坚持啊！像你玩游戏打大BOSS，砍了五刀砍不死你就感觉无聊放弃吗？肯定继续砍啊！直到打败他！坚持不懈也是技能对不对？一会儿捉蜻蜓一会儿捉蝴蝶是捉不到鱼的小猫咪，

而你呢？是永不放弃的小狮王啊！"

"对！我是很坚强的！"

很多妈妈关注的是孩子专注力不强，注意力薄弱，其实大家都没有想过深层次的原因，真真是孩子有学习障碍、心理有疾病的寥寥无几，大部分不能集中注意力的孩子是自身意志力不够，或者说是：自制力成为他完成目标的绊脚石。

这部分孩子一方面对规则心知肚明，他的内心也很纠结、惭愧，但是另一方面却面对诱惑难以自控。那么我们要学习的第一项技能就是树立信心："你一定能做到！"其次才是"自控力、自我约束力"。

4. 让孩子理解、体验到拥有这些技能的好处

学习技能的意愿从哪里来？为什么作业明明很简单，孩子就是无法专心去做？而有些高难度的游戏，孩子不用教，自己一头扎进去，怀着饱满的热情，心无旁骛地就摸索出来了？

兜兜的回答："因为在游戏中每过一关就会获得相应的奖励金币，过不了关顶多就是重新再玩儿一次，又不会有人骂我！在学校就不一样了，我一走神儿老师总是当着很多同学骂我还罚站，让我很没有面子，后来大家都觉得我是坏孩子，我努力没有用，干脆就破罐子破摔呗！"

了解了吗？孩子没有看到掌握专注力各项技能的好处，只看到他是被强迫的，当然不能心甘情愿服从。那么我们不妨再给孩子拉出一个好处清单：

1. 专心听讲，课堂知识都掌握，回家有更多时间玩。

2. 学习效率高，成绩提高很有成就感。

3. 老师会表扬我进步快，同学会尊敬我。

4. 有更多朋友和知识，我会更有自信。

……

虽说孩子对有兴趣的事情会格外专注，但是我们不可否认学习是艰苦的，需要自制力才能保持专注的活动，只有让孩子看到好处，他才愿意趋利避害，心甘情愿接受那些并不太简单的任务。

5. 掌握技能需要很多支持者营造配合的氛围，更需要孩子强大的自控能力

很多专家会告诉你，提高孩子专注力需要"营造安静的环境，因为幼儿注意力稳定性差，容易因新异刺激而转移"，但现实是，我们太过小心翼翼，反而适得其反，因为出了家门没有人专门给他营造这样的世外桃源。

不要从形式上太强调"给孩子营造安静环境"这件事！孩子的一生，不仅需要培养闹中取静的能力，还要掌握更强大的克服诱惑能力从而让自己专注自己的人生方向和目标的本领！

"兜兜，现在我们有了两份清单，你知道每学到一项技能就能带来什么好处，开心吗？"

"当然！我们把清单贴在墙上吧！"

"这样，我把任务清单再抄写一份，这份贴在沙发旁边的墙上，另一份带去学校，每天老师在学校监督你完成可以吗？你每次完成一项，老师就给你画一个对号，回到家里妈妈给你奖励通关小粘贴！"

在和孩子一起成长的路上，父母不仅需要高瞻远瞩，另外还需要随时根据实际情况调整步伐和策略！

6. 学习技能并给每一项技能起个名字，作为我们和孩子的秘密

"我们这次任务应该叫丛林计划吗？"我问兜兜。

"叫狮子王争霸赛更有气势！"狮子座的兜兜斩钉截铁命名自己的行动。

我在每张卡片的开头都用荧光笔写下鲜明的标题。开始每天一次总结的好习惯养成行动。

专注力基本上是每个幼小衔接阶段的孩子需要学习的技能，但是妈妈们不

要焦虑地把它夸大化，更不要说我孩子专注力有"问题"，经过三年的实践，兜兜已经改头换面成为四年级的女学霸！如果我不说，你永远不知道她曾经是个老师眼中的问题小孩，所以我说：将问题转化成技能GET才是学渣通往学霸的通关秘笈！